OSAKO SUGURU

大迫傑

跑過、煩惱過，才能發現的事。

走って、悩んで、
見つけたこと。

2018 Boulder
photographs by Suguru Osako

（日版）
攝影　松本昇大
編排　林田順子
書籍設計　番洋樹
DTP 製作　艾威力・辛克

目錄

前言

我的人生有很多時間都在跑步中度過。一開始只是覺得跑步很開心，想跑得比別人快而已。持續跑下去後，我陸續碰到瓶頸，有時會產生不甘心和煩惱的情緒，甚至會覺得痛苦。不過，在持續跑步的過程中，我也找到克服這些障礙的答案。

跑步是一件很孤獨、很辛苦的事。有時候也會為接下來的漫漫長路感到擔憂，但也正因如此，抵達終點時的快樂和成就感顯得更加特別，這一點和人生一樣。

其中，讓我學習到最多事情的就是馬拉松了。跑馬拉松讓我學到為了抵達終點必須重視前進的過程。在這個社群網路氾濫和資訊爆炸時代中，跑步可以拋開這些束縛，有時間好好面對自己，挖掘自己內心的聲音，用自己的頭腦思考找出答案，這就是馬拉松的魅力。

耐吉奧勒岡計畫（Nike Oregon Project）讓我學會在國際賽事中戰鬥的必要技能，我也和彼得．朱利安教練建立起互相尊重的人際關係。

我不喜歡回首過去，因為我認為那沒有意義。對於比賽，我幾乎沒有什麼回憶。不過，我試著在本書中，重新審視自己，回顧我在跑步時的發現、遇到的人，以及形塑出我現在模樣的元素。

當然，我得到的答案並不完全正確。有時候我也會覺得自己很失敗。現在的想法過了幾年之後，或許會完全改變。儘管如此，我仍相信持續凝視自己而得到的答案，一定會以某種形式成為自己的精神糧食，絕對不會白費。

因為我深知這一點，所以今天、明天也會繼續奔跑。

自分の道を選ぶこと。

選擇自己的路。

我父母從小就告訴我：「自己的事最後還是要自己作決定。」選高中的時候，父母和國中的老師都說：「你要親眼看過，再自己作決定。」我認為就結論來說，當時作出了很好的決定。

很多人認為我之所以能選擇和別人不一樣的路，是因為我是奧勒岡計畫的成員。不過，這只是因為我一直以來都只選擇對自己最好的路而已。相反地，從我的角度來看，反而覺得自己意外地沒走上大家覺得我應該會走的路。

小學時，在好友的邀約下，我曾經打過棒球。不過，我每年都會參加當地的馬拉松大賽，後來越來越覺得跑步比較開心。升上高年級的時候，馬拉松比賽逐漸變成優先於棒球賽的選項。

國中時我想練田徑，但母校町田市立今井中學在我入學時並沒有田徑隊。因此，我在「府中ＡＣ」這個俱樂部持續練習，直到國中一年級夏天才開始參加八王子市立第四中學田徑隊的練習。升上國中二年級後，母校成立了田徑隊，不過我仍然自夏天開始同時在「清新ＪＡＣ」俱樂部練習。位於江戶川的清新ＪＡＣ距離我家單程就要一個小時，所以我回到家通常都已經是晚上九點，有時甚至超過十點了。我家附近一定也有田徑俱樂部，但因為想要和相同水準的選手一起練，所以跑到離家這麼遠的俱樂部我也不以為苦。

當時年紀太小，所以記不清楚了，不過我曾經因為學校沒有田徑隊，差點無法參加官方比賽，遇到很多困難。在這樣的狀況下，其他學校的老師願意讓我參加練習，也幫助我參加比賽，父母和學校也為了我而互相合作，針對這一點我真的很感激。

我本來就知道學校沒有田徑隊，也認為自己沒有學校支持應該也能繼續努力。不過，我仍孩子氣地認為和別人一起練習比較好，所以在田徑隊成立之後，就過著以社團為主的生活，同時也在清新ＪＡＣ進行重點練習。

當時的顧問老師巧妙地掌控我的練習狀況，這一點我至今仍非常感謝他。我曾經一度在八王子第四中學的社團活動做高難度的練習，同時又在俱樂部參加團練，每週有三到四天的時間都在從事高負荷的訓練。老師發現這件事後，建議我：「這樣練習你一定會倒下，現在先以你自己學校的練習為主，把兩種練習分開來。」不過，原本每週四次的重點練習減少至兩次，我還是會覺得不安。但老師沒有要求我「盡量練」，而是告誡我「不要練過頭」。我強烈地想做更多練習，卻必須忍耐，還記得自己曾經因此哭過。畢竟對國中生來說，老師是讓人必須絕對服從的恐怖人物，所以我不敢偷練，只能遵照老師的指示。不過，我也因為這樣才沒有受過重傷，一直跑到現在。

國三的時候，我創下東京都中學三千公尺的紀錄，所以升高中時，有好幾所學校來邀約。最後，我從中選擇位於長野的佐久長聖高中。

我之所以選擇佐久長聖，是因為認為那是嚴格受訓的最佳之處，而其他高中實在太寬鬆。我希望學校能稍微嚴格一點，所以覺得就環境上來說太寬鬆的學校不適合我。

小學的時候，棒球社的教練曾經說過：「如果覺得迷惘，最好選擇可能會走得很辛苦的路。」我想這句話應該也對我有所影響吧。

選擇升學高中的時候，顧問老師告訴我：「把自己想問學校的問題確實寫在紙上，然後自己打電話去問清楚。」佐久長聖高中當時有國中紀錄保持人在校，但那段時間並沒有出賽，外界有很多傳聞，所以我決定直接詢問：「那位選手最近都沒有參賽，他還好嗎？」

除此之外，我也親自打電話拒絕來邀約的高中。那個時候我學習到，關鍵時刻不能被他人的意見左右，必須自己下決定。某高中教練想來挖角，當我到學校參觀或在其他地方見面的時候，他都對我很好。不過最後告訴他「我決定去佐久長聖高中」時，他稍微停頓了一下，然後對我說：「少瞧不起大人！」因為我當時還是國中生，所以覺得很震驚。同時，也感覺到「對方雖然嘴上說為選手好，但終究還是比較在乎自己」。當下雖然覺得很恐怖，但現在回首過往，認為那是一個很好的經驗。

我打算高中畢業後就去參加企業隊，而且也把這個想法告訴兩角速老師（現為東海大學田徑隊教練）。我之所以會想加入企業隊，是因為當時聽說青森山田高中有一位和我同年的選手田村優寶決定加入企業隊。那個年代企業隊的實力比大學隊強，我怕對手會變得比我更強，而且我一點也不想輸給他，所以才會想加入企業隊。兩角老師看穿了我的心思。我記得他告訴我：「你是因為別人作了這個決定，所以才跟進嗎？能有大學文憑比較好，而且有些事情只有在大學這四年才能學得到。不要這麼急躁，慢慢來吧！」兩角老師推薦我去念東海大學，但我最後選擇了早稻田大學。

我當時就說過，自己並不喜歡接力賽。我當然知道接力賽這個項目很有魅力。但是，接力賽在場上發光發熱的不是自己而是學校，我至今仍覺得選手只是用過就丟的「免洗隊員」，所以我不想進入專注發展接力賽的學校。當時早稻田有很多實力堅強的隊員，感覺有很多我能挑戰的事情，因此最後選擇了早稻田大學。不過，高中時期的我雖然覺得接力賽沒有未來，但心裡也還沒有具體想走的路。

大學一年級參加國際青年田徑錦標賽一萬公尺賽跑時，我以一圈之差敗給冠軍。當時我深深體會到「啊，再這樣下去不行」，所以在原本既定賽跑隊訓練之外，還額外增加跑步次數、提升速度等自主訓練。

然而，自從我三年級時參觀奧勒岡計畫之後，對練習的看法才大幅改觀。為了變得更強，我想在這裡訓練，參觀後也定期到波特蘭練習。畢業後，雖然已經決定到日清食品集團的企業隊，但奧勒岡計畫仍正式同意我加入。我和日清食品的契約是每年更新，所以隔年我便放棄企業隊，決定加入奧勒岡計畫。即便我這麼做，日清也沒有阻止我加入國際級的團隊，直到正式離開前，日清甚至允許我同時隸屬日本和奧勒岡計畫兩個團隊，而且還給予我諸多幫助，這一點至今仍讓我覺得很感激。雖然接力賽季對我並沒有幫助，但就結果來說我因此認識了不同的人，心裡也覺得還好當時有讀大學。

一直從事競賽，難免會出現各種阻礙。不是每種選擇都有快樂結局，因為在意別人的意見而作出的選擇也未必對自己最好。當然，別人的意見可以參考，某種程度來說也值得信賴，但最終還是要在某處劃清界線，自己作出決定才對。

我在選擇的時候，總是會想著怎麼做才能變得更強。如果待在一個自己就是王牌的環境中，可以經常受到周遭的人吹捧，心情應該會很不錯，而且也比較輕鬆。但是，如此一來自己也有可能在不知不覺中變得驕縱，甚至停止成長。奧勒岡計畫也一樣，對我來說，加入自己必須再更努力才能追上其他人的團隊才是最好的選擇。

マラソンを走るということ。

跑馬拉松這檔事。

田徑賽大概百分之八十靠體能，但馬拉松則是體能占百分之六十，剩下百分之四十則是靠意志。

無論如何鍛鍊體能，最快的速度大概就是那樣，有很多因素是人無法掌控的。不過，只要自己願意，就能掌控意志。針對這一點，我感覺到能夠挑戰國際賽事的可能性。我也因此刷新了日本的馬拉松紀錄，但一萬公尺的競賽是不是也能一樣順利找到挑戰國際賽事的道路呢？我認為很困難。儘管一樣都是跑步，兩者有共通的地方，但馬拉松不只體能，還有一些我無法想像的元素包含在其中。我也認為那就是馬拉松的魅力。我不知道肯亞和美國的選手在心理訓練下了多大的工夫，但我希望能盡量努力調整心理狀態。

練習的時候，通常都會覺得「很累」。或許這麼說有點奇怪，但這種時候我會把大腦和身體分開來思考。是大腦覺得累，而不是身體覺得累。所以我會注意不讓累的感覺呈現在身體上。用一個表情讓外表盡量保持放鬆的狀態，區隔大腦思考和身體。如此一來，身體就不會過度僵硬。在這樣的努力之下，我的完跑時間也變得比較短了。「很累」是一種非常主觀的感覺，所以冷靜思考後，意外地能夠分析出累的原因。「現在是哪裡覺得累？呼吸嗎？腿嗎？腿的哪個部位？」這麼一問，你就會發現自己並不是全身都累，所以人會變得比較輕鬆。

我在日常生活中並不會深刻思考什麼事情，大多是在發呆，但跑步的時候自然而然就會有很多時間思考。每天跑九十分鐘、一百分鐘的話，難免會去思考要怎麼度過這段時間，而且這也是一段沒有任何人能介入，只有自己孤身一人的時光。現在這個時代，不只每天要面對柴米油鹽，還有社群網路，總是很難擁有自己專屬的時間。只有跑步的時候，才能忘卻一切雜念。我認為長距離賽跑就是擁有這種宛如聖域一般的感覺。

因此，練習的時候我很喜歡邊跑邊思考。思考回家之後要做什麼無關緊要之類的事情時，身體會意外地像機械一樣動起來。練習在跑步的時候不思考跑步本身的問題，而是在下意識中持續移動，這一點非常重要而且只要花時間訓練就能做到。

我發現，比起參加賽事，進行馬拉松訓練的期間讓我有更多體會。我學會重視每一個瞬間、每一個片段。不要看得太遠，就像確實地拼好每一塊拼圖的感覺。紮紮實實地消化每一天，每次都持續和上一次相同或者更困難的練習。開始跑馬拉松之後，我才知道面對目前的自己有多重要。即便提升練習量或練習的品質也不會馬上獲得好成績，儘管如此還是要持續下去的過程非常重要，相較於田徑賽，馬拉松讓我每天察覺到更多道理。這應該是因為跑馬拉松時，和自己相處的時間很長的緣故。

馬拉松需要忍耐和堅實的跑法，這一點非常適合日本人。端看過去在奧運獲得優勝的前輩就知道，日本人能夠做到超越人類想像的瘋狂練習，這是日本人的優點。我也認為日本的前輩們累積下來的基礎，擁有超高水準。譬如，在我得知瀨古利彥先生的練習內容和強度之後，就覺得自己現在的訓練根本沒什麼。這後來也成為我的一大動力。不過，我發現最近有很多選手都漸漸忘記這一點。雖然自己要練習到什麼程度是另一回事，但認為自己每個月跑的距離已經是最大值，或者覺得自己還能再多跑一點，這種想法會大幅影響訓練的態度。

因為自己該做的事都已經做了，站在起跑線上時就比較能看得開。無論比賽結果好壞，至今毫不妥協地練習，光是站在起跑線上就很有成就感。當然，我也會對比賽時該怎麼行動感到些許不安，但比起這些，我更覺得享受。在比賽之前，我每天都在奮鬥，今天我不僅戰勝自己，還持續消化這麼困難的練習、忍受這麼多痛苦，站在起跑線前我克服了一切難關，接下來只要跑完四二．一九五公里就好了。我心裡只剩下趕快跑完、趕快結束比賽的想法。因此，站在起跑線上，對我來說就已經是一種勝利。當然，比賽當天才會決定勝利是停在起跑線上，還是有更美好的結果。不過，能夠毫不妥協完成練習並站在起跑線上，本身就已經是一種勝利了。這種成就感即便在二〇一九年東京馬拉松宣布棄權時也沒有減少。在結果不盡人意時，這種心情仍然沒有改變也是一種收穫。

比賽開始之後，前半段我不會想太多，總是盡量以不費力的方式節省精力。

如何慢慢發揮力量對馬拉松來說非常重要。起跑後，跑者必須從斟滿的杯子裡一點一點釋放力量。如果因為別的對手追上自己就急著加速，自己的力量就會急遽減少。因此，剛開始我總是低調地在後面慢慢跑。因為我已經練就了即便賽事中突然有什麼變化，也能冷靜地從後面追上領先集團的中段。一邊和自己的身體對話，保持心有餘力的狀態非常重要，就算其他選手有時超前有時落後，我也只會思考剩下的距離，冷靜分析如果對手在兩百公尺內加快四秒，那我只要在一公里內加快四秒即可。基本上我只會專注在自己的節奏上，不去思考其他事情。我可以瞬間環視周遭，冷靜分析比賽狀況之後，再度專注在自己身上，就這樣一直重複下去。如果急著想要處理眼前的狀況，身體過度僵硬一定會過度施力，所以我認為這種時候更要專注在自己身上，思考該怎麼使用力量。在馬拉松賽事中，配速員不見得有功效。因為馬拉松會被各種不同元素影響，所以不需要想太多，只要順著比賽的流程走，想辦法不要一下子就用盡全力，確保有力氣跑完三十五公里、四十公里最重要。

當然，我有時也會因為和領先的選手距離差太遠、錯過補充水分的機會而變得不安、焦躁，導致施力不當。不過，這種時候我會深呼吸讓自己冷靜下來。雖然會迷惘，但是只要作了決定我就不會後悔，專心思考下一步該怎麼走。最重要的就是隨時保持樂觀和平常心。因為在第一場波士頓馬拉松（二〇一七年四月）時我就這麼做，而且也得到佳績，所以我認為這種戰略非常適合自己。

只有馬拉松，才能夠像這樣培養在心中解決問題的能力吧！團體運動和日常生活中，有很多問題會在人際關係中解決，但馬拉松有很長的時間必須一個人跑步，所以不得不審視自己。這是馬拉松的魅力之一，但我有時候也會覺得自己是不是因為這樣喪失了社會性。不過，就算真的喪失了，那對現在的我而言也是必經的過程。

大家常說三十、三十五公里是馬拉松的瓶頸。不過，就算是跑一萬公尺，也是在跑到八千公尺時最痛苦，可是大家卻不說八千公尺是瓶頸。無論什麼比賽，最後一段一定最辛苦，我總覺得馬拉松被大家說得太過誇張了。只要前面都一直跑得游刃有餘，過了三十五公里也意外地能輕鬆跑，而且我覺得身體的極限應該沒有大家想像中那麼弱。我覺得用「瓶頸」這個詞，真的太誇大了。

當然，四二．一九五公里會讓人覺得很遠。不過，馬拉松只要保持穩定的情緒，按照固定的速度跑就能完成。

即便如此，也會有覺得辛苦、想放棄的時候。這種時候我都會告訴自己「練習的時候我一直都戰勝自己，既然都能跑到這裡，剩下的路程也一定沒問題」，藉此盡量保持樂觀。

比賽時，我和市民跑者不一樣，幾乎不會欣賞路上的風景。跑步時，外面的世界看起來總是朦朦朧朧，所以我大多不記得路線和賽事。不過，一些無關緊要的事情我倒是看得很清楚，譬如川內優輝先生倒了很多水，鈴木洋平髮色超級金黃之類的。這種東西我就看得到。

開始跑馬拉松之後，我才知道另一件事，那就是無論距離多遠，都一定會有終點。而且，跑完之後的成就感和其他比賽不同。抵達終點之後，大家都很開心，對吧！不只市民跑者如此，我們這些選手也一樣。雖然會有名次高低，但因為長時間面對自己，抵達終點的瞬間一切都會略過腦海，跑到最後的喜悅真的與眾不同。我想，那就是大家跑馬拉松的原因吧！在工作之餘擠出時間忍受辛苦的練習、禁酒、剝奪出去玩的時光，經歷重重忍耐抵達終點，心情一定會很興奮。任何人跑馬拉松都能品嘗那一瞬間的滋味。

只不過日本人太重視完跑的時間了。馬拉松會因為當天的氣溫、風勢，大幅影響結果。最近跑鞋和腳尖著地跑法大受矚目，但影響馬拉松的元素不只如此而已。即便因為跑鞋加快速度，也可能在風勢、天候的影響下減慢速度。既然如此，維持跑在後方以免受到風勢影響或者設法減低自己的能量耗損，注意這些細節顯得更加重要。當然，最近跑鞋的進化也讓我覺得很厲害，但跑的人還是自己啊！我認為市民跑者也一樣，不需要太過在意完跑的時間。

跑馬拉松真的是一件很累人的事。不過，現實就在眼前，既然無法迴避，那就只能面對了。馬拉松的優點就在這裡，道理和日常生活相通。生活中也有不喜歡但必須做的事，既然出現在眼前就無法逃避，又或者因為不想逃避而決定面對。對我來說，跑馬拉松就是這種感覺。

どんな結果も受け止めること。

接受任何結果。

我認為跑馬拉松最重要的就是剔除不必要的東西，盡量保持簡約。所謂的意外，不就是因為想太多才引起的嗎？如果能接受發生任何事情的可能，而且有自信冷靜隨機應變，那麼無論發生什麼事情都不算是意外。事前不多想，意外就只是發生了某件事而已。況且，想了一堆之後，大部分的事情都不會發生。因此，極端地說，結論非常簡單，那就是「想再多也沒有用」。

雖然有好成績時會非常有成就感，但針對結果我總是抱著輕鬆的態度，創下佳績很好，但若成績不盡人意也是沒辦法的事。失敗的時候，外界會有很多聲音，甚至也有批評。不過，只要抱著已經盡力的自信，就能以「這也沒辦法啊」的態度接受批評。就算比賽的結果不好，也不需要失落，只要毫不妥協地持續鍛鍊，就會覺得下一次一定能展現成果。比賽兩個小時就會結束。比起一場比賽，賽前努力的時間更長，總有一天效果會出現在自己身上。這是馬拉松很重要的一點，也是馬拉松的魅力。

不過，我並非完人，所以也曾經不知所措。我在二〇一九年的東京馬拉松，實際體會到這一點。

我在參賽前一直設法簡化自己的思考，也認為自己已經能夠做到。然而，東京馬拉松讓我對東京這塊土地、媒體採訪方式、周遭的期待產生各種欲望，最後並沒有達到簡化思考的目標。以前我參加的比賽大多在美國，儘管參與過福岡國際馬拉松等日本賽事，但畢竟不像東京馬拉松這樣廣受矚目，所以能夠輕鬆跑完。

我想我的個性可能本來就很容易在意他人的眼光。因此，我才會逃離「要推測或看出眼前哪個人會勝出」這種煩悶感，抱著想慢慢面對競技本身的想法前往美國。在美國生活後，我認為自己更能掌控自我了。然而，真的回國後，難免還是會在意別人對我的意見或者對我的看法。因為被這樣的氛圍影響，我又回到自己原本的樣子。雖然沒有迷失自我，也沒有弱到覺得有壓力，但現在回想起來

「東京」的存在感大到超乎我的想像，當時一定覺得很有負擔。田徑賽也一樣，當我太在意結果的時候，賽事成績就不會太好。二〇一七年國際田徑錦標賽的資格賽——「北聯距離挑戰賽」在網走的賽事也是這樣，我一心想著要突破標準紀錄之類的事情。太過注重成果時，我通常都會失敗。在東京馬拉松也呈現了一樣的結果。

站在東京馬拉松的起跑線上時，我覺得很滿足。在參加東京馬拉松之前的練習過程真的很辛苦，克服這些困難之後真的覺得很滿足。我在訓練的時候，犧牲了很多自己的時間和額外的事物，讓自己一直處在不滿足的狀態，這一點非常重要。我並不是在自我陶醉，而是透過如此犧牲、努力，消除一切享受可以讓我沉浸在自己的世界裡。參加東京馬拉松前，我也一直這樣練習，雖然中途棄權，但結束之後我仍然覺得神清氣爽。雖然棄權覺得很不甘心，但也感受到終於結束的安心，還想著：比賽結束終於可以和朋友一起出去玩了。不過，周遭的人並不這麼想，而且時間越長我就對自己越沒自信。

當然，我也想過在東京馬拉松創下紀錄。即便如此，我應該也沒有像大家期待的那樣，把這場比賽看得那麼重。賽後我把注意力轉到賽事以外的事情上，但又對自己的想法產生罪惡感。想早點結束比賽、重獲自由的欲望，在比賽前就已經超越臨界點，慢慢從杯子裡溢出來。我開始煩惱，是不是因為這樣才造成現在這個局面。

針對棄權這件事，我曾經很糾結是不是自己太懦弱？還是單純沒力氣跟上？或者這是合理的判斷？看社群網路和周遭的反應就知道，有人認為我這麼做很合理，也有人持相反意見。我自己心裡也有兩種看法，一種是肯定自己的決定，另一種則是懷疑自己因為已經是日本紀錄保持人，所以對東京馬拉松的努力和動力不足。

我一開始先告訴彼得教練和值得信賴的工作人員這些內心糾葛。我對他們吐露內心所有的想法，譬如自己本來應該更游刃有餘地練習，但這次因為被流程追著跑而失去了從容的態度，還有我也在想是不是自己太懦弱。然而，彼得他們告訴我：「你能夠努力練習參加這場賽事，就表示你已經在這場比賽中盡力了。站上起跑線前的戰鬥，你已經贏了。你當時在雨中跑步，前半段速度較快，天氣又冷，所以當時只是剛好結合各種因素導致這樣的結果，並不是你太懦弱。如果有可能無法在二小時又十分鐘抵達終點，那麼考量身體的負擔而棄權，一點也不奇怪。」聽到這些話，我真的受益良多。而且，在聊了各種想法之後，我發現自己在很辛苦的狀態下仍確實練習、努力不懈得以站上起跑線、強悍到願意在比賽途中宣布棄權，結果如此那也只能認了。這並不是我突然頓悟，而是花了一、二個月一直捫心自問而得出的答案，至今我仍不覺得自己已經理解一切。不過，無論結果好壞，我也只能在練習中找回自信。跑步的時候有很多時間能思考，我也必須面對這個結果。在這樣的狀況下思考，有時會有新發現，自己也會去想該怎麼處理這種狀況，然後漸漸消化問題。現在已經可以恢復練習，在良好的狀態下跑步，讓我漸漸找回自信。這次的經驗一定提升了我的耐受力，下次我就有自信能把自己掌控得比上次更好。我也對彼得說：「先前創下日本紀錄的過程太順利了，還好在參加馬拉松錦標賽（二〇一九年九月十五日日本舉辦的「Marathon Grand Championship」，簡稱ＭＧＣ）前有這樣的經驗。」

此外，面對媒體我也變得比較輕鬆了。我之前就對媒體有一些意見。不過，我現在會覺得，無論我多認真表達，聽不進去的人終究聽不進去。以前我對媒體有所期待，所以會想要好好表達。因為希望對方能夠理解，所以我有時會用淺顯易懂的方式表達自己的心情，但長期累積下來反而對我自己形成一種壓力。就結論來說，這就是在意他人的行為。我再度發現，針對自己無法控制的事情，想再多都沒有意義。喜歡我的人，無論我說什麼都會正面解釋，而討厭我的人只會負面解釋。既然如此，我根本不需要在意吧！

對媒體說的話或許很重要，但對運動員來說，更重要的是累積對自己而言必要的東西，以及透過在競技場上確實戰鬥、表現自我才對。當然，面對媒體也是無可避免的事情。但是因為心境不同，讓我發現自己其實不需要太在意媒體的眼光，這讓我變得比較輕鬆。尤其是現在可以透過社群網路直接向粉絲表達想說的話，既然如此我也不需要特別透過媒體傳達什麼。

針對棄權這件事，賽後我對媒體只說了積極正面的話。因為我認為，如果在那個時候說出負面的意見，大家就會認為是我太軟弱才造成這個結果。我也不願意在心裡讓有疑惑未消化，就把想法公諸於眾。畢竟我至少也是戰勝很多困難，才能站上起跑線啊！現在對媒體我已經想開了，我不會做什麼奇怪的回應，也不會認為採訪是一種享受，用這樣的態度面對媒體我覺得恰到好處。

另一方面，我也知道社群網路有難以掌控的地方。不經意的一句話可能擴散到超乎原本的預期，甚至可能往各種不同的方向蔓延，最後變得一發不可收拾。

另外，也有人會利用我的發言提升自己的價值，這一點真的很令人遺憾。

我不會一一回應社群網路上的發言，但會針對別人提出的意見在內心深處自問自答。譬如我在推特上發表日本選手權（出場權之規定），究竟只是關乎我個人的利益，還是為其他選手或將來背負田徑界的孩子們發聲？同樣的問題發生的頻率多高？有多少選手和我有相同的想法？我不斷重複省思這些事情。因為我在社群網路上發言，所以我認為不僅要說出自己的想法，獲得周遭的人贊同也很重要。當然，每個人的想法都不同，有人支持、有人反對都無所謂，只不過我自認為自己的觀點一定有值得贊同的部分，而且這對選手也有幫助，所以我才會選擇在推特上發言。儘管發表後出現很多不同的意見，但最後我還是覺得幸好當初這麼做。畢竟沉默無法改變任何事情。

我人在美國這件事影響也很大。如果是隸屬日本企業隊的選手，就必須考量團隊的狀況，也可能會因此遭受各界攻擊。以我的狀況來說，即便我被攻擊，只接受任何結果。

要回美國就可以排除對方造成的威脅，處理方式還算輕鬆。我想我能下定決心做各種嘗試，就是因為我人在美國。

三個月後重新思考東京馬拉松的事情，我深深感受到別人怎麼想不重要，重要的是自己對這件事的評價。為了保持今後的跑步動力，我必須堅定地重視這一點。現在的我認為，經過這次之後我克服了自己的軟弱和問題，接下來我想放下這一切，面對下一次挑戰。

2012 Hakone Ekiden

2017 Marugame International Half Marathon

adidas
2017 BOSTON
MARATHON

2017 Boston Marathon

2017 Fukuoka International Open Marathon

大塚製薬
がんばれ!
CITIZEN

マイナビ
70
Sky株式会社
マイナビ
27
マイナビ
63
SUZUKI

2017 Fukuoka International Open Marathon

2017 December / Tokyo

TOYOTA
1125
Create
108
1039
Create

2018 Fukuoka Cross-country

2018 Fukuoka Cross-country

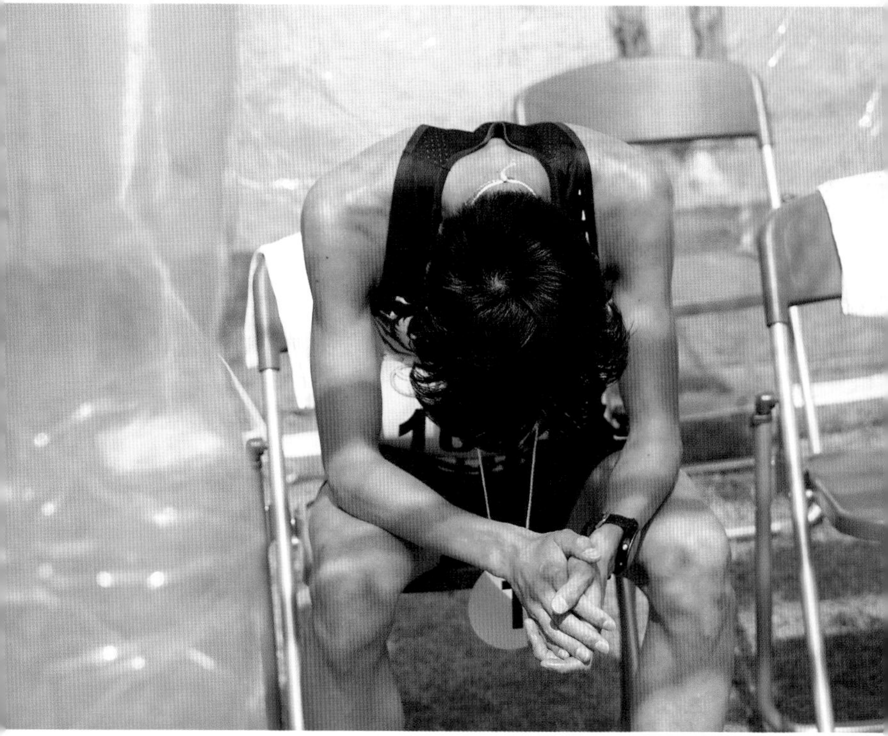

2018 Osako Project

專欄

恢復體力&睡眠

我唯一無法忍耐的就是睡意，每天至少會睡十個小時。早上我會自然醒來，也很容易入睡，所以遠征他國換了枕頭我也能睡得很熟。

高中生、大學生早上有晨練，中間還要上課，下午也有練習等事情，這麼忙碌的話，睡眠時間一定不夠。我學生時期經常睡午覺，但現在基本上都不睡午覺了。一方面是怕晚上睡不著，另一方面是我的睡眠時間很充足。只有偶爾晚上睡不著的時候，我才會睡午覺。我不像企業團選手需要完成公司的工作，所以能確保充足的睡眠時間，這一點令人慶幸。

我在早稻田大學時曾調查過關於睡眠的資料，其中有一份研究數據顯示，每天如果沒有睡十個小時以上，專注力就會下降，也會導致工作效率低落。這一點我自己很有感覺，睡六個小時和十個小時的專注力完全不同。尤其要練習一個半小時至兩個小時的長跑，睡飽十個小時能讓專注的時間變長，就能確實以相同速度完跑全程。

有很多運動員非常挑剔睡眠環境，但我幾乎沒有什麼特殊需求，不僅用宜家家居（IKEA）床墊，還睡在不利於恢復體力的低氧帳篷裡。不過，對我來說，比起恢復體力，高地訓練更重要，所以我會根據身體狀況進出高地，但每天都睡在帳篷裡。剛開始非常難睡，有時會很淺眠，不過習慣之後就能正常入睡了。

社群網路上經常有人問，但我發現有很多人認為恢復體力就等於休息。對我來說，恢復體力是藉由修復肌肉讓身體更強健，能夠消化更困難的練習。有時候必須在覺得累的時候繼續努力。所以如果發現身體有什麼不對勁的地方，我會稍微拉伸肌肉，但不會每天都認真拉筋。隊伍裡有按摩師，但按摩大概每週做兩次而已。我都是在負重訓練前加入伸展身體可動範圍的動作，藉此自然而然在訓練中拉筋。

對恢復體力最有效的是泡澡和冷熱交替浴。我不敢泡冰水，所以在難度高的訓練後，我會重複在冷水和熱水浴池中，各泡三十秒。我覺得這麼做可以消除疲勞，加快恢復體力。

不過，選手要考量訓練、飲食、睡眠、恢復體力的方法，未免也太辛苦了。碰我在訓練期間，除了跑步以外什麼都不想做，只想盡量把力氣都用在跑步上。碰到重要的集訓期間，我連抱女兒都會擔心拉傷背部，和家人、朋友相處的時間、吃飯的時間等，這些對比賽來說非必要的事項我都省略，一心只想專注於跑步。因此，能打造出把體重交給體能訓練員、比賽交給教練的環境，真的是難能可貴。

如果要思考太多事情，就無法專注在比賽上，而且最重要的還是如何持續接受艱困的訓練。與其多費心思在無用的事情上，不如像機器一樣什麼都不想，專注在練習上最重要。

環境が変わっても生き残る力を持つこと。

具備環境改變仍能生存的力量。

跑得好的選手很多。選手或許需要最低限度的跑步知識，但我認為更重要的是生存下去的力量。

從國中到高中、大學、企業隊，在環境大幅改變的狀況下，生存下去的力量不可或缺。適應團隊、生存下來的能力會讓人變得更強。

什麼樣的選手才擁有強勁的生存能力呢?雖然不能一概而論，但我認為如何在艱困的時候忍耐下去非常重要。無論環境如何改變，都要忍耐到自己適應為止。有人花兩個月就克服了難關，但也有人要花一年的時間。差別只在你能不能忍過這個時期。

環境改變之後，孤獨感會加倍，也會因為不知道接下來該怎麼做而感到不安。然而，只要做好自己能做的事堅持忍耐下去，總有一天會習慣。我認為因為環境改變而崩潰的選手，只是單純無心努力而已。

我算是需要時間適應新環境的人。高中三年期間雖然很辛苦，但為了變強也只能忍耐。我只知道自己必須忍耐，所以選擇埋頭練習。

參加奧勒岡計畫時，我曾因為不會說英文而感到不甘心。在團隊裡面我總覺得自己很孤獨，日常生活也過得很辛苦。不過，我早已作好心理準備，所以成功忍耐到最後。這和擅長什麼或者適應的速度快慢無關。

我第一次參觀奧勒岡計畫的時候，對方待我很親切，不過那只是對參觀者的親切，成為練習生進入內部後，我面對的是一個非常嚴苛的世界。尤其是奧勒岡計畫並不是很友善或者像家一樣自在的團隊。因為我不會說英文，所以經常感覺周遭的冷漠。

當初參加奧勒岡計畫只是單純想把自己放在一個有挑戰性的環境裡而已，並沒有想太多。結果正式加入隊伍後，陷入沒有好成績就隨時必須走人的狀況，每天都感受到莫大的壓力。

每次練習對我來說都像上場比賽一樣緊張，而且很多練習都是第一次做，我根本也不知道這樣正不正確。不過，因為這樣而疑惑我覺得也不太對，所以決定第一年先按照對方的要求完成訓練。我刻意暫停思考，忘掉以前的所有練習，先接受對方的安排。

其中，負重訓練對我來說最陌生。剛開始動作很不熟練，顯得很僵硬，但持續練習兩年、三年之後我已經適應，也感覺到負重訓練轉化成自己的力量。大多數人都很害怕花時間。有人稍微嘗試一下就會說不適合自己的身體，不過我認為一旦決定做一件事就最好堅持一、二年。如果最後還是不行，回到原狀非常簡單。我認為投入心力嘗試新事物不是壞事。然而，毫無自我信念地飛蛾撲火，大家都說美國好就去美國、最近流行肯亞就去肯亞，這就有問題了。仔細斟酌，如果覺得自己有這個需要那就去。既然去了，就應該好好站穩腳步。

有些選手會說跑起來感覺不對，就我的角度來看，那是一種傲慢的表現。感覺是很主觀的東西，所以自己的感覺根本靠不住。比起這個，更應該用肉眼可見的結果來判斷。拘泥於感覺，只是徒然被囚禁在過去，反而削減自己成長的機會。就算今天覺得狀況不太好，起跑之後可能也會意外地順利跑完，應該有跑者曾有這種經驗吧？自己的感覺就是這麼不可靠的東西。

剛到奧勒岡計畫的時候，我受傷時看著別人練習就覺得焦慮，當蓋倫．魯普（Galen Rupp）創下佳績，我也覺得自己必須跟他一樣。為了在這樣的環境中打造出自己的一席之地，不僅要贏比賽，還要在練習中展現出實力。我只能專注在自己正在做的事情上，藉此開創一條屬於自己的路。因此，每次練習我都很緊張，強烈認為自己一定要做好。參加里約奧運時，雖然已經熟悉環境，但認為自己不適合這支隊伍。

參加奧勒岡計畫的選手，都比較自我中心。基本上不會考慮他人的狀況，而且認為不明說其他人就不會了解，所以也很懂得主張自我意見。雖然我很信任彼得．朱利安教練，但他畢竟不了解我的一切，所以，只要不喜歡的事，我都會直接告訴他。大家都希望對方能理解自己。但是，不明說的話就無法傳達。我們會用導航和駕駛比喻教練和選手的關係。教練雖然會指引我們大方向，但實際踩油門、握方向盤的還是選手。即便導航再怎麼精良，關鍵時刻沒有踩油門、來不及轉方向盤的話就沒有意義。順帶一提，當我跑太快的時候，導航經常會發出警告。

訓練雖然辛苦，但習慣努力之後，就會覺得沒那麼辛苦了。當然，我有時也會對自己感到失望。不過，這種事情也會漸漸習慣。以我現在的隊友來說，大都是這種選手。雖然身體會自然而然感覺疲累，但仍克服這些困難繼續練習。在奧勒岡計畫，大家都理所當然地重複這個循環。

現在市民跑者的程度也越來越好了。在這樣的狀況下，感覺企業隊選手和市民跑者之間的界線漸漸消失。也有很多選手只是專業意識比市民跑者稍微高一點而已。或許這些人會覺得自己已經拚命練習，但聽到他們的練習內容，就會發現練習跑步的距離非常短、對很多事情妥協，專業意識也很低。因為腳痛所以什麼也做不了、因為太麻煩所以今天休息，聽到這些話我就會覺得這種選手應該會在企業隊裡漸漸腐爛。畢竟眼前充滿能享受的事物，當初如果我待在日本，或許也會和他們一樣。然而，這個時候堅持不鬆懈非常重要。為拓展田徑的基礎，加入企業隊非常重要，但也不能迷失核心。因為聚沙成塔累積出差距後，往往無法彌補。

在每天不斷變化的狀況下，該如何忍耐並創造自己的一席之地？這對生存來說，至關重要。

累積「現在」的努力。

「今」を積み重ねること。

我自國中一年級開始參加田徑隊，已經持續跑了十四年，感覺自己的田徑生涯已經進入尾聲。說實話，我覺得自己的腿隨時都有可能廢掉，所以每天都抱著腿廢掉之後就退出田徑界的心情在跑步。這一天可能在今年，也可能是明年。即便如此，也會有下一條路可走，只要花時間去找就好。

我之所以能這麼想，是因為我堅持活在當下。

變強是一件很單純的事情，每次都做困難的訓練，度過艱難的每一天。只要每週都這樣重複即可。有很多人在重點練習的前後選擇休息，但我不只努力做重點練習，前後段的時間也努力不懈。這個循環會重複數個月。

極端地說，每一次跑步、每個瞬間都很重要。假設練習時要跑二十次兩百公尺。這種時候，不應該去想今天要跑二十次，而是思考這一次該怎麼跑這兩百公尺，然後累積二十次經驗。此時，每次跑步累積的疲勞何時才會出現、如何分割疲勞也很重要。如果腿覺得疲勞，就要分析腿的哪個部位覺得疲勞、這個部位的哪裡疲勞，藉此挖掘自己能忍受的疲勞程度。如果把所有「疲勞」都混為一談，跑姿可能會變得紊亂，明明是腿部疲勞卻誤以為是喘不過氣，讓身體覺得已經無法承受。心跳次數有某種程度的極限，所以只要心跳數沒有提升，就算腿差點抽筋也意外地能繼續跑下去。我們可以藉由分割疲勞，讓自己冷靜判斷現在的狀況。無論是在練習或感到疲勞時，都必須專注在「當下」，比賽時這一點非常重要。只要持續這樣重視每個瞬間的練習，就能夠呈現出每天戰勝自己的價值。

馬拉松雖然有很疲累的時候，但之後一定會有變輕鬆的瞬間。因為知道這一點，所以能處理當下的疲勞。感覺到疲勞時，專注在當下，冷靜判斷狀況再作處理。或許這是之前就累積的疲勞，可能下一秒就能變輕鬆了。即便是面對好累、好討厭等負面情緒，也能接受並理解「這是一種自我厭惡」，如此一來就變得能知道該怎麼處理。反之，如果沒有注意到這一點，就會在好累、好討厭的狀態下結束，注意力也容易變得散漫。只要努力拉長保持冷靜的時間，這些辛苦就會慢慢慢轉變。因此，不要先去思考接下來的事，只想著輕鬆、積極正面的事並且專注在當下，這一點非常重要。

當然，每天戰鬥一定很辛苦。但我已經知道，不努力一定會後悔，為了不要到明天再來後悔，今天只能百分之百竭盡全力。成為專業跑者之後，跑步就成了我的工作，我只能朝著下一個目標前進，每天拼命努力。而且，馬拉松每年頂多只能參加兩場，所以每一場比賽都很重要。因此，我心裡也會出現必須確實面對每場比賽的緊張感。

我這個人一想到未來的事情就會覺得累。有時候光是想到明天早上會有困難的訓練，就會覺得憂鬱，所以我現在會盡量專注在眼前的事情。未來的事情和比賽、對手一樣，都只是自己的想像而已。無論好壞都是自己打造出來的成果，儘管成果有時也會成為動力，但仔細想想當初如何達成，就知道那也只是過往經驗、每個當下累積出來的結果。當然，現在會影響未來。

只要確實累積當下的努力，在比賽開始前你都能相信自己。只要確實練習，接下來就只剩下時機的問題了。時機有時候剛好，有時不巧。然而，為了這個時機而持續作準備非常重要。我們永遠不知道最好的機會什麼時候會出現。因此，我不會過度期待，而是重視並專注在當下的瞬間。現在能做到這一點，我認為是一件好事。

二〇一九年的東京馬拉松賽事，我以跑出好成績為目標，在美國練習了三到四個月。雖然最後選擇棄權，但我若因為在意這件事，一直鬆懈下去，那麼截至目前的努力不就都白費了嗎？我不能太在意過去或未來，只能專注在當下，如此而已。

就像跑在前方一片迷霧的單行道上一樣。相信之後就會看見終點，拼命看著前方走，其實很難感受到自己真的有在前進。不過，只要看著腳邊就會知道自己真的確實在往前邁進。這不就是所謂的「活在當下」嗎？

可能是因為我有這種想法，所以不太會去回顧比賽的細節。當然，我會記得讓我開心或能夠成為動力的事情，但不會刻意回想比賽過程的細節。雖然不是跑完就忘，但我認為過程才值得學習，比賽只是結果，沒辦法當作參考。硬要說的話，我覺得每場比賽都不滿意，但也沒有失敗。即便在比賽中跑得不如人意也能收穫滿滿，只要知道這一點，無論什麼比賽都不算失敗。每場比賽的環境都不同，完全不需要和某場比賽作比較。周圍環境可能會改變，但因為我活在當下的每個瞬間，所以懂得面對接下來發生的每件事，也認為活在當下很快樂而且充滿意義。

意志を持ち続けること。

保持堅定的意志。

有很多運動員覺得自己擁有對跑步的見識、高超的跑步能力等特殊才能，但在日本的中長距離跑者之中，包含我在內其實都沒有什麼特別突出的人才。既然大家的能力沒有太大差異，那麼了解自己並不特別這件事就顯得很重要。

學生時期，有很多選手都跑得比我快，也有很多選手讓我覺得永遠贏不了。但是為什麼就是有選手無法留到最後呢？我認為之所以會產生差距，是因為他們沒有在自己出狀況的時候持續努力。彼此都在努力的時候，差距意外地變小。然而，一旦身體出現問題，因為狀況不佳無法跑步而停止練習，就會出現空窗期。大量累積這種小失誤，最後就會演變成大失敗。或許我們沒辦法每次都做到一樣的事。但在這樣的情況下，也必須在自己能做到的範圍內努力。

如果等到出現差距再來努力，那就為時已晚了。如果起跑就贏不了，那我會覺得怎麼做都會失敗，容易一開始就想放棄。雖然可能需要花五年、十年的時間，但若能夠持續保持堅定的意志，人就會漸漸改變。每個人都期待戲劇性的轉變，不過這沒有捷徑可走，只能藉由持續保持堅定意志，一點一滴慢慢改變。

對我來說影響最大的一點，就是我從學生時期一直跑到現在，而且自己又是一個很難放心休息的人。國中、高中是我最熱衷於田徑的時期，犧牲了一切只為跑步。我雖然不討厭和朋友一起玩，但也不懂為什麼要一大群人聚在一起吵吵鬧鬧。「完全不努力只顧著享樂，這樣的日子有什麼好引以為傲？這不就和其他國中生一樣嗎？」雖然沒說出口，但其實心裡一直這麼想。

我非常害怕自己隨波逐流。不只對競技，我對日常生活也總是很注意，在無限的選項中，自己現在應該怎麼做。我見過各種選手，那種在領隊或教練的督促下練習的人都不會太強。我認為要經歷許多失敗、高低起伏，抵達的終點才會別具意義。

我在早稻田大學就讀四年級時，成為田徑隊的隊長。雖然我有提升、統整隊伍的想法，但團隊並沒有因為我成為隊長而出現什麼改變。隊長本身毫無意義，只是一個象徵性的東西而已。雖然我們經常聽到某個人擔任隊長之後隊員就開始努力或者改變整個團隊，但幹勁這種東西不是別人可以掌控的，就算一時卯勁地努力，那也不過是因為有人督促而已。當然，因為身為隊長，所以在箱根接力賽前我參加了以前從未參與過的晨練，也明確告誡個性軟弱和執著於自我感覺的選手。當時，早稻田的習慣是讓受傷、狀況不好的選手暫時回家休養，但我當時也曾告誡同學：「在回家之前，要把該做的事情做好。」因為我認為無論在任何情況下，保持堅定的意志非常重要。其中也有選手說「你不懂我的痛苦」就回家了。

我認為行動時以什麼為優先、想怎麼做的想法最重要。嘴上怎麼說都行，但人終究還是會以享樂和學校的朋友為優先。這種日積月累的小小妥協，會產生巨大的差異。不需要從事什麼特別的訓練，也不用比別人優秀，關鍵只在你有多想變強、能夠為此犧牲多少自己的私生活。

一天只有二十四小時，在競技的路上，如何剔除不必要的東西，留下自己需要的部分，避免浪費的作業非常重要。從這一點來思考，和他人合作、配合他人的步調練習，對我來說一點好處也沒有，只是在浪費時間而已。就算被別人說我不合群也無所謂，為了達成目標，我根本沒空管別人的看法。況且，只有自己才會百分之百為自己考量。能夠完全信任的也只有自己，配合周遭的人對我來說只是一種浪費。因此，現在我只會和方向、水準相同的選手一起練習。

對大學時代的我來說，箱根接力賽並不重要。然而，對指導者和團隊、學校來說，箱根接力賽非常重要。因此，我們必須互相讓步，但當時我的目標是專注在田徑賽，所以無法百分之百專心，只能撥出一半的專注力。這對我來說是很大的損失。對其他人來說可能不算浪費，但對我來說接力賽季要做很多無謂的事。從大學時期我就一直覺得矛盾，選手和指導者本來並不需要互相讓步。只要彼此目標一致，就不會出現需要讓步的狀況。不過，早稻田大學時期的渡邊康幸教練認同我的想法，所以讓我獲益良多。現在我和教練的目標一致也能確實對話，這一點讓我覺得很開心，今後也想和教練建立良好的關係。

不想做的事情，不用特別找也能輕鬆發現原因。因此，我認為該去尋找並累積的反而是做這件事的理由，而非不想做的原因。排除不做的原因之後，照理說會剩下該做的，而且沒做一定會後悔。每個人都能把事情想得很複雜，也有很多人會說自己思慮縝密、想得很遠，但其實大家都這麼做，所以並不特別。比起這些，如何精簡行動、減少浪費、磨練到極致更困難。當然，我還有很多地方沒做好，只是我仍然保持堅定意志，要求自己精簡再精簡。

人的面相是會改變的。如果壓力大，眉間就會出現皺紋，心情平穩的人則面相溫和。同樣的道理，只要隨時保持堅定的意志，面相和身材、跑步姿勢都會漸漸改變。

專欄

關於飲食

很多人問我飲食要注意什麼？但其實我沒有特別講究。國小、國中的時候，媽媽擔心我缺鐵，餐餐都讓我吃鹿尾菜，所以我以前經常吃。但是大學的時候就吃得很隨便，而且當時也沒什麼正確知識，只是樂觀又天真地想著認真跑就對了。因為冰淇淋含有碳水化合物和蛋白質，所以有時候只吃冰，甚至還曾不吃晚飯跑去吃烤肉。雖然這不是什麼正確示範，但我想年輕的時候本來就會這樣。

現在，我發現比賽的結果會左右自

己的人生，所以基礎雖然不會有太大改變，但會稍微注意飲食。在奧勒岡計畫練習的時候，妻子會考量營養均衡幫我準備餐點，幫了我很大的忙。不過集訓開始之後，就會變成有攝取到養分即可，所以我會吃自己做的難吃料理，不會太要求味道。

反正吃到肚子裡都一樣，所以早上只吃一點麵包，練習結束後喝蛋白飲，或者做炒蛋、烤雞或鮭魚等來吃，這些聽起來很像樣，但這些料理只要放進烤箱就能做好。最近我覺得自己可能不是做菜的料。和鎧坂哲哉選手、鬼塚翔太選手一起集訓的時候，因為我自己不會做菜，所以把自己當作基準，一副高高在上的樣子問人家：「會做菜嗎?沒問題嗎?」結果對方比我還厲害，反而讓我覺得很不好意思。

在難度高的訓練前，我會確實補充碳水化合物，練習後則重視攝取蛋白質，這樣的飲食生活已經變成習慣。健康食品大概只有補充鐵質、蛋白飲和維他命C

而已。我之所以會認為自己大概需要這些東西，可能是受到國中時媽媽做的菜和高中宿舍餐廳的飲食影響。

我的練習量不少，所以沒有什麼飲食限制，只要不是比賽前夕，我也能喝點酒、吃些甜食。每天只要均衡攝取米飯、蔬菜、鐵質、蛋白質應該就夠了。營養固然重要，但最重要的還是訓練啊！

ライバルをリスペクトすること。

尊敬你的對手。

國中、高中時我有很多優秀的對手，讓我總是抱著想贏他們的心情跑步。國中時，我想贏過隸屬八王子市第四中學和我同等級的同學；和全中運獲得優勝的選手一起練習時，我也是抱著「最後想贏過他」的心情參加訓練。

高中和大學前半段時間，我試圖追上同學和前輩；到了大學時期的後半段，我就想盡量追上國際級的選手，希望自己能和他們一較高下。讓我印象最深刻的是在佐久長聖高中時的練習。在佐久長聖高中，平日和假日的練習內容是固定的，其中最辛苦的就是週三的訓練。當時我認為週三的練習是關鍵，所以每週練習我都抱著要和村澤明伸前輩、千葉健太前輩一決勝負的心情。訓練的最後會有四百公尺長的上坡，而我不擅長跑上坡，所以我還記得自己會試圖在一公里前的下坡就追上前輩，像這樣為了獲勝而下很多工夫。只要我追上，村澤前輩就會稍微露出不開心的表情，所以我也曾經嘗試把距離拉得更近。我就讀佐久長聖高中，是為了跑贏競爭對手成為第一名。為了達成目標，我沒辦法看前輩的臉色，只能積極地和前輩一決勝負。應該說我在這個部分找到練習的樂趣，而且就算對方是前輩，在競技場上也應該人人平等，否則豈不是讓人很不舒服？因此，我和村澤前輩等人應該算是保持著非常良好的競爭關係吧。

以學生時期交朋友的立場來看，有個令你在意或優秀的對手很重要。選手有時也需要互相依賴，總有必須依靠某個人的時刻，如果是良性的依賴，其實也無所謂。

只不過我從高中的時候就認為，有很多人從競技的角度來看，實在無法成為朋友。如果是專業意識低落的選手，根本也不需要來往，我反而會覺得自己和這些人不同、是可以努力到這種程度的人，然後把他們當作負面教材，重新審視自己該做的事。說得不好聽就是我藐視對方，說得好聽一點就是我不滿足於現狀，把目標訂得很高。和方向不同的選手在一起，只能開開心心地一起玩鬧而已，無法提升彼此水準的交友關係在競技中終究屬於不必要的浪費。

打造舒適的團隊很簡單。只要自己是隊伍裡的王牌，就能打造出一個周遭不斷吹捧自己、其他人也會看自己臉色的團隊。這麼做一定能過得很輕鬆，但也會在不知不覺中變得驕縱。我從小就嚮往更強的地方、有更強選手的隊伍，一直在尋找能夠挑戰自己的地方。

以前我總想著贏，太執著於比賽的結果，造成心情起伏很大。自己成績不好、其他選手創下好紀錄的時候，我就會一直覺得不甘心。當時雖然也有很多令人痛苦的事情，但現在想來學生時期如此在意某個對手，因此產生痛苦的感覺其實是必經之路。因為我藉此學到太在意他人會造成自己疲勞，情緒的方向應該瞄準自己而非他人。我認為在當下的矛盾裡一定能找到自己最需要的位置。

我在競技的生活中感受到另一件事，那就是我無法變成別人，別人也無法變成我。別人的經驗始終只是別人的經驗。因此我不會勉強，只專注在讓自己的能力成長。就算聽別人的意見、看書、進行各種調查，但自己不嘗試就沒有意義。

我有時也會尋求建議，但無論怎麼說還是要自己親自嘗試才知道結果。

比賽時和其他人一起跑，我當然會想贏過每位選手。不過，這和「想贏過某個人」不一樣。當然，既然參加比賽就不想輸，與其和他人比較，自己竭盡全力贏得比賽更有滿足感。媒體有時會把我和其他選手比較，導致比賽蔚為話題，不過那也只是外界的眼光，和我沒有任何關係。我從來沒有和他們一起練習過，平常也沒有聊過天，所以對他們一無所知。儘管如此，媒體還是說得好像我一直很在意這些選手一樣，讓我覺得很奇怪。

看新聞報導或網路文章時，總覺得別人看我總是帶著各種有色眼鏡。因為我知道所謂的印象都是由一些不明確的事情累積而成，所以我對其他選手一點興趣也沒有，也不在乎大家對我有什麼想法。不過，真相被曲解又是另一回事了。如果我有錯，媒體誠實報導也無所謂，但傳出錯誤的報導就不是我的本意了。

譬如設樂悠太是和我同期的選手，如果說我不在意他，那就是謊言。我想我們有些地方互為彼此成長的動力。不過，就算我再怎麼想像他做了哪些練習、到底多強，也只是我在毫無資訊的狀態下產生的妄想。如果因為這些妄想導致陷入煩惱，那我不如專注在自己應該做的事情上，這樣還比較有建設性。

如果硬要比較的話，我和設樂悠太選手算是有些地方相似，雖然我們目標不同但都很以自我為中心。反之，川內優輝選手無論好壞對我來說都沒有參考價值。每位選手都不一樣，大家都很特別，所以各自做自己想做的事情就好了。與其在意別人做什麼，不如加強自己的力量和速度，為應付任何狀況作好準備，然後在每場比賽中獲勝。

竭盡全力跑完，就算輸了也只是代表別人的竭盡全力比我強而已。我只會單純覺得對方很厲害。

另一方面，我覺得這樣看待比賽會更引人注目，而且比賽也會變得更有趣。我認為有各種選手在運動場上大顯身手，馬拉松的價值就會因此提高，東京奧運也會顯得更熱鬧。但是我不希望勉強自己搭上這波奧運熱潮，令自己去在意不需要在意的事情。

能參加奧運並奪得獎牌固然很好，但名次會受到他人影響，在意那些無法改變的事情只是徒增疲勞。奧運當然很特別，即便如此，事實上和其他賽事也沒什麼不同。我不太喜歡背負什麼責任，是個愛好自由的人，就算是參加馬拉松錦標賽也會抱著平常心比賽。

加入奧勒岡計畫之後，我變得會去思考該怎麼在國際賽事中對戰，而不是如何和對手對戰。二〇一八年的芝加哥馬拉松，我想要朝國際賽事邁進一步。無論我再怎麼滿意自己的練習，在比賽中如果沒有某種程度的結果，就無法打造出全新的自我。我一直置身國際賽事之外，直到這個時候才開始想加入國際賽事的戰局。

因此，能和莫．法拉、蓋倫．魯普一起跑步，我覺得非常光榮，也真的很期待。

莫．法拉是個品格高尚的人，他對任何人都很好也很友善，是個性很溫和的選手。比賽時我錯過補水站，他還把水壺遞給我。就算不是以前同隊的隊員，他看到選手有困難也會出手相助。我因為他而回歸冷靜，真的幫了我一個大忙。不過，前半段配速員不夠沉穩，速度也太慢，所以直到最後一英里前，我都不覺得自己會創下日本紀錄。

雖然我比蓋倫先抵達終點，但心裡並沒有贏過別人的喜悅。儘管比賽會當下分出勝負，但我認為應謙虛以對，坦然接受結果。他其實比我更有實力。

比賽後，莫．法拉對我說「恭喜」，蓋倫也在媒體採訪時說：「很高興隊友創下日本紀錄。」我認為他們都已經盡力，而且對其他選手也懷抱尊敬之心，所以才能說出這樣的話。

因此，我不想讓大家認為「這場賽事天氣炎熱，對日本人比較有利」或者

「外國選手會選擇參加獎金較高的比賽，所以只要選擇參加這場賽事就能贏」。期待其他選手體力不支，只是在比耐性而已。雖然我也不是沒耐性，但更想紮紮實實地贏。因為二〇一八年東京馬拉松時，設樂悠太選手奪得第二名就能證明，仍有選手以創下新紀錄為目標，在最佳狀態下挑戰國際賽事。

開始跑馬拉松之後，我感受到分出勝負固然重要，但更希望能確實發揮自己練習的成果。各位一定可以想像，其他選手也和我一樣努力，才能站上起跑線。如此想來，不只專業跑者值得尊敬，市民跑者更厲害。忍受數月艱苦的訓練、忍受孤獨的時光、在工作空檔抽出時間練習、放棄玩樂淡然地持續跑步，光是這一點就非常有價值。雖然我並沒有特別關注某位選手，但大家都克服了一段艱苦的時光才站上起跑線，所以我純粹認為所有跑者都很了不起。

2018 July / Sugadaira Kogen

2018 July / Sugadaira Kogen

2018 July / Sugadaira Kogen

KITTY O'SHEA
CHICAGO

2018 Chicago

TV 1

2018 Chicago Marathon

2018 Chicago Marathon

2018 November / Tokyo

2018 Hachioji Long Distance

VAAM
D 3
VAAM
38
34
崎播磨

2018 Hachioji Long Distance

專欄

負重訓練

大學時的訓練真的只有跑步而已。因此，我大三的時候去奧勒岡計畫參觀選手練習時，很驚訝大家竟然如此確實地在做負重訓練。回國後，我在原本的練習裡也加入負重訓練。

現在想來，剛開始練重訓的時候，動作僵硬到讓我懷疑身體的擺動和力量的使用方式根本就不對，而且每次做完都會肌肉痠痛，甚至覺得這種訓練會不會根本不適合自己？真的要繼續嗎？不過，為了提升速度，教練告訴我不能只做跑步速度的練習，為了補足自己不足

的部分一定要做重訓，所以我也只能繼續練了。

做重訓並不會馬上看到效果。而且也不會在某個時機突然變得有力，真的只能花時間慢慢練，然後在不知不覺中出現效果。剛開始或許曾經和不熟悉的訓練纏鬥過，但現在已經變得理所當然了。不只不會肌肉痠痛，成效也確實反映在成績上，所以表示這個訓練很適合我。看到我的訓練過程，有些人會說好厲害，或許這必須由外人來看才會明白。就我自己來看，我無法區分自己和他人之間的差異，而且我其實也不知道當初去奧勒岡計畫參觀的時候和現在有什麼不同。累積的過程很重要，但現在的成果更重要，和已經過去、完結的事比較也沒有意義。我有時會寫一些筆記，但不會每天寫練習日誌。我認為，訓練只能由別人來評價才會知道成效。大家總愛追求速效的訓練，一窩蜂嘗試新的練習，但效果通常都是在你已經忘記時，才會在不經意的狀況下展現出來。

不安をコントロールすること。

掌控自己的不安。

以前我並不擅長掌控不安的情緒。我比別人更容易焦慮，經常被不安和焦慮影響，高中時經常被兩角速教練訓斥。

長大成人之後我才明白，高中時期每個人的成長情況差很多。我算是成長比較慢的類型，高中入學時我身體尚未發育完成，和同學相比也是較晚發育。國中三年級時能一較高下的選手，到了高中已經和我拉開距離，我經常感到焦慮，覺得自己不可能和對方差這麼多。其實當初只要努力練習追上他們或者了解自身力量差距用心配速即可，但我就是勉強自己跟上，到了最後一段決勝負的地方甚至會太早開始衝刺。若要一一舉出我在練習或賽事中的失敗，真的會沒完沒了。

努力練習卻沒有進步，的確每個人都會因此不安。不過，剛開始因為非常在意、在意到不行而導致身心俱疲，最後覺得自己真的無法繼續才會往下一個階段成長。我發現自己不能被某一次練習困住，只要在其他練習上變強就好；在一整個月的練習中感到疲累時，了解疲累表示努力有價值。國中、高中都在不安中努力，但每個階段我都學到很多東西。

因此，我雖認為必須減輕不安，但到高中時期為止，有這種焦躁、積極進取的態度會比較好。因為擁有這樣的經驗，我才能如此成長。

這種感覺和本來沒幹勁的人在一個月內做到讓自己滿足不同。以當時的年齡追求相應的練習品質，做不到的時候會覺得焦躁、痛苦，但也會漸漸了解該怎麼處理這些不安。過去和未來就要在這層層糾葛中度過，我認為這一點非常有價值。反之，如果一開始就聰明地做到處理不安，即便最後呈現相同結果，我仍然覺得這樣沒什麼意義。如果我國、高中的時候就已經理解這些道理，有智慧地處理不安，那當初應該無法從事任何挑戰就結束了吧。

加入奧勒岡計畫之前我也覺得很不安。在充滿高手的團隊裡，我沒有他們跑得快，可能要瘋狂地跑，甚至犧牲自己的健康和經歷才能贏過其他人。這一點讓我覺得很焦慮。

在這種狀態下，剛開始參加奧勒岡計畫時，心情起伏很劇烈。當時我以跑田徑賽為主，成績很不穩定，一直在摸索該如何加入國際賽事。只要身體狀況稍微有一點問題，我就會覺得「昨天明明都還沒事」，因為自己的身體狀況而導致影響心情起伏，精神上顯得十分不穩定。

我曾和彼得．朱利安教練討論，認為自己的體型不如其他選手，是不是應該加倍練習？彼得告訴我：「這種想法是錯誤的。和體型差異無關，你應該拋棄刻板印象練習。」他雖然給我這樣的建議，而我也接受了，但不安的情緒並沒有消失。

這種情形在里約奧運前才迎來轉機。資格賽前一、二個月，因為身體狀況出問題，導致我非常焦慮。雖然我強烈認為現在正是需要嚴格練習的時候，但心裡也覺得必須冷靜下來才有機會上戰場。我開始讀書、冥想，隨著慢慢學習、訓練，了解到不安的真面目究竟是什麼。我發現，比賽時會完全呈現練習的成果，所以只要努力練習就能緩解不安，心情上也會比較有餘裕。

我只能努力做到百分之百的練習。不安是自己心理產生的不真實的幻象，與其在意這種虛幻的東西，不如專注在當下應該做的事情。

現在我已經知道自己在馬拉松領域能夠與國際級的選手對戰，所以基本上精神已經變得非常穩定。

不過，一旦決定要參加比賽，從半年前開始練習的時候，不安和緊張的程度就會越來越大。然而，我會告訴自己這些不安並不是來自他人，而是我自己的想像。

另外還有一點，跑者對受傷這件事也充滿不安。只是無論再怎麼小心都難免會出問題，關鍵在於出現初期症狀該如何處理。如果有哪裡覺得痛或者不舒服，就把原訂兩天的慢跑計畫拉長為三天，不要完全不跑，但可以慢慢處理身體狀況。因為不想暫停練習，所以會敏感地發現身體出問題的最初徵兆，將不適的狀況減輕至最低限度非常重要，只要隨時注意自己的身體狀況，就能減輕對受傷的不安。若受情緒不安影響，任憑自己的意願練習，可能會受傷導致必須休息一整個月，這是跑者最想避免的情形。減輕一、二天的訓練其實不會造成太大差異，所以我會敏感地注意自己身體發出的訊息。

我認為運動員很難完全不受傷，這也需要一點運氣。我現在對自己的阿基里斯腱也感到不安，但即便真的受傷，我也不會有太大的情緒起伏，可以冷靜地思考自己能做什麼。不過，我能了解身體出狀況時，仍覺得自己還想再多努力一下的心情。畢竟我也很希望自己能有勇氣休息。

我的缺點就是會跑超過原定的距離和時間。明明教練已經說這樣的練習量就足夠，但我心裡就是會想跑快一點或者跑遠一點。如果能消除這種欲望，即便是做同樣的練習，也應該能讓身體更游刃有餘才對，這就是我現在面對的課題。

截至目前為止，我經歷過無數因為成績不好而變得不安、失落的時刻。然而，我藉由和不同的人對話、面對自己，變得越來越堅強。當然，我至今仍會有情緒的起伏，有時也會發現自己很焦躁，但是已經比以前控制得更好了。

每個人都會不安。我認為接受這些負面情緒也很重要。雖然人總是會試圖抗拒，但我選擇接受、接納這些情緒。只要自知這是負面情緒，就能透過其他正面的事情來解決。有時候只是看待事情的角度不同，但其實還是同一件事，轉個念慢慢讓同一件事變得正面積極就好。

還有，我在〈累積「現在」的努力〉中也提到，越是辛苦的時刻就越不能看著前方，而是要往下看著自己一步一步地前進，這樣就不覺得那麼苦了。人之所以會不安、焦慮，都是因為和他人比較、在意他人對自己的評價，只要看著自己的腳步，就會了解每個瞬間都有其價值。

就結論來說，我們只能在當下竭盡全力而已。既然如此，那就積極地思考現在的自己能做什麼。如此一來，便能大幅掌控不安的情緒。

今後，如果成績下滑，或許我又會變得手足無措或者陷入痛苦。不過，我會正面看待，認為有時也需要這種低潮期。如果沒有痛苦掙扎過，人就不會變得沉著、穩重。因此，即便屆時我又陷入不安，也只要冷靜回歸自我就好。

我有時候也會針對引退後的去向想很多，不過現在只能盡可能準備，無法準備的部分就坦然接受。陷入不安反而浪費時間，對未來不要想太多，只要凝視並專注在自己的腳步上就好。畢竟我就算失敗，也不至於會死啊！

言い訳をしないこと。

不為自己找藉口。

我基本上很討厭為自己或別人找藉口，因為我認為就算找藉口，情況也絕不會好轉。

小時候父母告訴我，做任何事情都要自己決定。為了不要事後找藉口，這一點非常重要。

譬如你去一間餐廳點菜。正在煩惱要吃什麼的時候，有人推薦你：「我之前吃過這道菜，很好吃喔！」你會怎麼做呢？假設你也想吃別的菜，雖然猶豫但還是選擇對方推薦的料理。結果味道和你想像的不一樣，別人點的菜看起來比較好吃的話，你會不會後悔？你會不會覺得，當初如果那個人沒有推薦，自己根本就不會選這道菜。不過，如果一開始就是自己作的決定，你應該就會認為「那也沒辦法」。就算是再小的事情，按照別人的意思作決定總是會令人後悔。

然而，出乎意料之外有很多人會在意周遭看法而無法自己作決定，甚至聽他人的意見作決定。作決定的時候，如果只會問：「該怎麼辦？」聽別人的指示行動，最後一定不會順利。不過，問題不在給你建議的人身上。越是無法作決定的人越會找藉口：「因為那個人這樣說，所以我才這麼做的。」

學生時期，剛入學時有一位和我實力相當的選手。那位選手總是按照別人的意見作決定，一旦失敗就會抱怨：「還不是因為那個人這樣說。」這麼做無法成長。況且，原本完全信任對方，結果不如預期的話，要笨的就是自己。無論對方說的多正確，都應該在心裡保持距離客觀以對，這一點非常重要。我和領隊、教練各有不能讓步的地方，所以應該要好好商量，一起營造雙贏的局面。

團體、人事物……我認為日本人特別容易依賴某些東西。我認為應該要更獨立才對。當然，我如果說自己完全沒有依賴誰，那就是在說謊。不過，我雖然有依賴的部分，但並非全部，而且我也不需要討好誰。會想依賴別人，是因為這麼做比較輕鬆吧？也就是說，這種人的指針對著外部。不行的時候可以怪別人，或許算是一種為自己設保險的行為。不過，這麼做不會留下任何成果。為了讓指針朝向自己，我向來自己作決定。當然，如果有人要求我給建議，我也會回答，但是無論我說什麼，只要對方沒有感受到這些話的重量，那就什麼都不會改變。

我從其他選手身上看到、學到的東西，對這個觀念有很大的影響。依賴他人、事後找藉口變得理所當然時，不只競技領域，就連今後的人生都要靠別人了。我覺得這樣很可怕。當然，孤身一人無法活下去，絕對有需要依賴別人的時候，但絕對不能過度。

當然，自己作決定也會有出錯的時候。不過，通常都是受他人意見影響時才會後悔，自己作的決定則不會覺得遺憾。反而會積極正面地思考，這次不行的話，下次換個方式試試看就好了。

另一點是為自己找藉口。

最近流行當別人有好成績時，就會開始分析人家穿的鞋子、練習環境等外在因素。不過，如果看過我在奧勒岡計畫做的訓練，應該會有很多人嚇一跳。大家會說我做的訓練應該是最先進的科學訓練，如果穿新鞋跑出好成績，就會說這真是厲害的技術革命，但以我的角度來說，只覺得這種思考非常扭曲。瀨古利彥先生在當現役選手時，以練習量多聞名。這種行為就像把練習量多說成是因為瀨古先生很特別、很瘋狂、宛如雲端上的神人，和自己不一樣所以那也是沒辦法的事，然後用這種方法說服自己。

只要仔細思考就會知道這並不特別，以俯瞰的角度重新審視自己，就會發現自己的努力有多麼不足。為了變強只能拼命地一直跑，其實最難的就是每天平淡地持續這種日子。一旦了解這一點，就會發現自己必須努力。因此，才會有那麼多人為自己找藉口吧。

話雖如此，我在大學三年級之前，也都沒發現到這一點。但是參觀過奧勒岡計畫之後，就算我再不情願也必須有所自覺。莫．法拉和蓋倫．魯普不只練習量大，也很追求品質。看到連世界頂尖的選手都練習到這種程度，我也必須下定決心才行。不過，我同時也心想，原來只要做到這種程度就好。如果一直迴避不懂的事情，就無法感受這世界，只會和這個世界越離越遠。雖然面對、了解之後會感到恐懼，但為了變得更強，我不能逃避。對我來說，這反而有莫大的正面影響，讓我知道邁向國際並非不可能的任務。雖然我不知道需要了解到什麼程度，但當初就是為了了解這個世界才加入奧勒岡計畫。而決定面對世界這件事，已經成為自己現在的力量了。

腿很痛、身體疲累，但休息過後下一次練習表現就會變好。沒心情跑步的時候，人就會找理由不去練習對吧？不過，找藉口誰都會。最難的是為自己跑步這件事找理由，然後面對並確實專注在跑步這件事上。這原本是理所當然的事，但見過各種選手之後，我發現有很多人會為了不練習而找理由。然而，只要改變思考方向，就知道練習非常有意義，也就不會對自己妥協了。以馬拉松為例，練習時沒辦法因為腿經常腫脹、疼痛而休息。

當然，有時也會受傷，不行的時候就要訂立符合狀況的目標，如此一來必定會有相應的成就感。我就讀佐久長聖高中時，有選手是即便受傷，也會為了控制體重而使用水中跑步機跑兩個小時或者踩四小時腳踏車。雖然當時是環境逼迫，並非主動做這樣的訓練，但這樣的方式讓我得以持續磨練自己。如果要跑四十公里，但在二十公里處腿就開始痛，那就在跑步機上以不會痛的速度跑完剩下的二十公里，這種作法也可以。但有很多選手都不會這麼做。

我由衷認為沒有不練習的理由。一開始就應該告訴自己，必須好好練習。試著找到一些微小的動機，譬如想以目標時間完跑或者跑完四十公里之後要吃什麼都可以。我自己也會用「明天要跑四十公里，所以吃一點蛋糕也沒關係」當作藉口。畢竟沒有這種程度的妥協，一定會精疲力盡。不過，和田徑有直接關聯的部分我就絕對不會妥協。我認為要準確畫出一條線，區分能妥協和絕對不能妥協的範圍。

大家應該把這件事想得更簡單才對。明明只要按照有沒有完成、有沒有做到來判斷就好，偏偏要找藉口。這樣的藉口真的有價值嗎？沒有吧。腿很痛所以沒辦法跑，其實就是沒有跑完而已，這時候就應該要虛心接受事實。為沒有完成的事情找藉口並不會有任何幫助，我們應該要用更簡單的方式判斷事物。

雖然很理所當然，不過成果就只是過去至今的累積而已。有時候拼命去練習也不會有成果。話雖如此，完全不練習的話，絕對會停留在原地。所以，我只能繼續練習下去。

或許我不練習，偶爾也能有好成績。學生時期，曾經有人說：我比賽時能夠發揮得比練習狀況還好。有時不怎麼練習的選手也會跑出好成績，我當時也覺得：為什麼那位選手能跑得這麼快？但是，那終究只是不可能重現的成果。平時不怎麼練習，就算能夠發揮力量獲得佳績，我也覺得沒有意義。平時輕輕鬆鬆地練習，跑十次有一次表現好，值得開心嗎？與其這樣，還不如累積大量練習。雖然需要花很多時間才能有一次好表現，但獲得能夠讓自己滿足的成績自有其價值。如果想要在十次中獲得九次佳績，就只能踏踏實實地持續做好所有練習。然而，大家往往會在過程中放棄。

另一方面，我認為有些藉口是必要的。尤其是為了讓自己往下一個階段前進的藉口，當然很必要。在里約奧運沒有留下好成績時，我拼命在過程中尋找表現好的地方，為了繼續跑下去而幫自己編了一個讓優點繼續成長的正面藉口。如此一來，我就會覺得自己應該可以表現得更好，只會注意自己的優點，而不是無法控制的生理現象。這是一個讓自己冷靜下來、面對下一次比賽的藉口。

在表現好的賽事上，我也會自我反省，表現不好時也會認為這場比賽對自己有好處。不被關聯性薄弱的外人的意見迷惑，用自己的眼睛看，和一直陪伴自己練習的教練一起重新審視比賽並且反省，這一點很重要。

我在芝加哥馬拉松創下日本紀錄，雖然認同這個結果，但畢竟不是第一名，而且當時根本沒辦法拿到第一名，所以我告訴自己必須更努力才行。

表現不好時，我經常找藉口告訴自己那段期間已經很努力，百分之百完成練習還是沒辦法獲勝，這也是沒有辦法的事。最糟糕的是心情上的落敗。

二〇一九年跑東京馬拉松時，我第一次棄權。因為這場比賽廣受矚目，所以媒體大幅報導，大家都很擔心我是不是身體狀況出問題？是否情緒低落？但結束後，我心裡覺得那只是某一瞬間發生的事情而已。這雖然是我第一次在馬拉松賽事中棄權，但就像二〇一五年五月為了打破紀錄而參加一萬公尺的日本田徑資格賽那樣，我在賽事中棄權很多次。對我來說，棄權只是比賽中的一個選項。當然，我覺得很不甘心，但既然無法達到自己的目的，那就只能踩著這次經驗繼續前進。所以我不想找任何藉口。無論是馬拉松還是田徑，沒有跑出好成績都一樣不甘心。不過，東京馬拉松這件事，我知道無論發生什麼事，接下來該做的事情也不會改變，也知道自己需要什麼，因為已經下定決心要像之前一樣努力下去，所以比起以前參加田徑賽更快轉換心情。

不過，我覺得專業跑者不應該讓別人知道自己為了繼續前進而編造的藉口。專業跑者的定義雖然曖昧不清，但我也不希望周遭的人覺得這個藉口很蹩腳。專家不能做這種降低專業價值的事。

我們比企業隊的選手擁有更多跑步時間。企業隊的選手就算想要參加某場比賽，只要和團隊要參加的接力賽日期相撞，也只能以團隊為優先。就這個層面的意義來說，我能了解企業隊為什麼會想要找藉口。我自己並沒有特別想當專業跑者，只是因為選擇想去的環境，結果就變成專業跑者而已。不過，在思考這件事的意義時，展現持續前進的態度很重要，自己所處的環境中也必須有個充滿魅力、能讓我景仰的選手。

無論未來的路會變得如何，因為是我自己的選擇，所以不會後悔，而且這本來就應該由自己負責。

目標を立てること。

替自己訂立目標。

我訂立目標的方式很簡單。每半年或一年會有一個大目標，然後大致訂好達成目標的流程。我會和彼得教練商量，決定好參加的賽事，但意外地不會有什麼詳細的規畫。進入賽季時，我會稍微和彼得談一下要以什麼為目標參賽，以短則一週、長則一個月為單位訂好這次的訓練內容，然後討論這次要不要增加練習量，大概就這樣而已。之後就是看狀況討論，然後專注在當下決定的訓練過程中。只不過當下設定的完跑時間和每週要跑的距離等，都會連結到我的大目標。雖然不會提前設定短期或中期目標，但每次作決定時，都要以連結到最大目標為前提，這一點很重要。

針對心理狀態的問題，我會找其他工作人員商量。我會提出現在的自己需要哪三樣東西或者上次賽事中哪裡不夠好、這次如何改善等意見。

在日本的時候我也會訂好一個大目標，但練習過程總有點含糊。現在的日本選手，也有這種感覺。

譬如，明明是為了達成大目標而參加當作練習的賽事，卻有很多選手配合眼前的賽事作調整。如此一來，最終目的不就變得不明確了嗎？假設我以半年後要創下一萬公尺新紀錄為目標，那麼在目標賽事前一到二個月參加比賽時，就不能減少練習量，因為重點應該放在為目標賽事努力做了多少練習。然而，選手卻專注在眼前的賽事，輕忽原本為大目標所做的練習。結果很可能會演變成中間的比賽成績很好，但最終目標賽事沒達到期待的成績。本來應該會從兩點連成一條線，但如此一來就變成畫上一點就結束了。達成目標需要一百分力，為了儲存力量而參加比賽，結果卻在比賽中把力量用掉，等到抵達最終目標的時候當然就沒力了啊！創下紀錄大家都會覺得有快感，我也一樣。雖然能體會大家對眼前的勝利感到一喜一憂的心情，但還是不能忘記自己的最終目標。

找到最終目標很容易，但最重要的是從開始到中途，如何不被現在的成績侷限。當然，完跑時間也很重要，不過還是要想像最後想達到什麼結果，然後專注於當下。

為練習而參加的賽事如果創下佳績當然很好，但若成績不理想那也是沒辦法的事。畢竟那只是練習的其中一個環節。你不會為了練習而從一週前就開始調整步調吧？把中途參加的賽事當成具有緊張感的重點練習很重要。

不過，我覺得日本的大環境好像不能允許這種作法。就算選手們知道這場比賽是練習，但只要教練或經紀人執著於成績，選手也會過度在意完跑時間。一旦參加日本的紀錄賽，選手就會因為單場比賽而被評斷好壞或者你到底行不行，沒有好成績就會被說三道四。這種氛圍非常強烈。不過考量選手的狀況，如果這場比賽只是練習的一環，比賽前一天稍微調整就可以了。體育競技一定會有高低潮。無論東京馬拉松還是田徑賽，我也會有表現不好的時候。正因為如此，才更應該要用長遠的眼光好好判斷，為達成目標該如何看待這場比賽。

尤其是孩子往往容易被眼前的事情束縛，大人不應該要求他們考量長遠，而是由指導者安排行程以達成目標。這一點不僅限於大賽，包含他們的競技人生也應該一併考量。我認為當前的課題是指導者或教練不能急於一時。

最不好的情況就是指導者和選手的目標不同。如果是想跑接力賽的選手，目標就會放在接力賽，但想從事田徑賽的選手如果加入接力隊，目標就會分歧。選手想在四到八月這段期間到田徑賽上大顯身手，卻為了在接力賽創下佳績而訓練。本來兩者相衝突，但學生又必須聽從指導者的意見。最後因為這樣出現選手崩壞的情形，我覺得真的很可惜。

就算無法達成目標，我也只會作出一些微調，並不會大幅度改變。這全都是因為我和指導者之間有良好的溝通。雖然也有完全按照我自己的想法和練習過度的缺點，但現在彼得教練在指導時已經和我朝向同一個方向，所以能夠取得平衡。當然，我和他都各自有不能妥協的地方。不過，我們都有相同的目標，所以能夠坦率地聽取彼此的意見，這一點別具意義。

現在的我，最大的目標就是馬拉松錦標賽。為了在馬拉松錦標賽發揮百分之百的力量，我只會專心思考自己現在必須做什麼。小目標只是過程，雖然能夠當成指標，但我不會像最終目標那樣努力。這些小目標都只是達成最終目標的過程而已。

那麼我為了馬拉松錦標賽規畫什麼樣的流程呢？其實最重要的就是身體不要出問題，一直持續練習而已。參加東京馬拉松，廣受矚目之後難免會想太多，自然而然就會感受到壓力，如何克服這一點也是今後的課題。我經常和工作人員說，要作好心理準備，面對任何狀況都不會驚訝、不動如山的心境非常重要。雖然有時候狀況不好，但也有狀況好的日子。不因此而患得患失，以毫不動搖的心在當下竭盡全力。我相信，當自己能做好這些事的時候，我就贏了。不需要做什麼特別的事，而是思考為了達成目標該怎麼避免無謂的瑣事。所有的決定都是為了最終目標。雖然我已經說過很多次，不過這一點最重要。

當然，我也會為東京奧運考量，但只要馬拉松錦標賽沒有過關想再多也沒有用，而且我也沒有餘力思考其他事情。

我對體育競技並沒有訂立什麼未來的長期目標，不過除了競技之外，我的長期目標是成為一名指導者。因此，回國的時候我都會舉辦跑步教室等活動，從現在就開始思考自己能做什麼。彼得教練也來參觀過二〇一八年為學生打造的跑步教室。他很想了解我私底下都在做什麼。他參觀之後，雖然沒有針對指導方法給予建議，不過他告訴我，不只專注在自己身上，還願意為下一代思考能做什麼，是非常有意義，做這樣的事情很好。

因為自己訂下成為指導者的目標，讓我能確實回顧自己的經歷並且找到只有我才能傳達給年輕選手的事情，而且也開始思考該如何建立這樣的環境，好好傳承給下一代的選手。現在，田徑圈的選手只有「國中、高中、大學、企業隊」這樣的選項，就算進入企業隊，選手的選擇也不多。不過，選手可以在美國讀大學同時接受訓練，甚至能一邊攻讀博士學位一邊繼續從事體育競技。如果能到大學畢業後再決定往後的路，那選項就更多元了。高中畢業後想到美國讀大學的話，我也有能夠給予建議的地方。當然，訓練的指導也很重要，不過這無論是誰都能做到一定程度，所以我認為在選項擴展的狀態下交棒給下一代的選手、創下這種流程，才是我應該做的事。雖然還很模糊，但我有這樣的想法。

對日本田徑聯盟的推特發文也是一樣的道理。不只田徑，只要身在小團體中，任何事都會因為自然而然在合理化中結束。比起解決問題，大家更會覺得「照之前的方法做就好」。我自己在日本的時候也有很多事情都沒發現問題。不過，身處於和日本隔著一段距離的環境後，我很幸運地發現很多事。當然，由於我是從外往內看，所以或許有些地方我無法理解。不過，正因為知道無法理解，才會努力想了解。然而，當人不知道世界上存在無法理解的事物時，只會把無法理解的人當作異類，想盡辦法排除。推特貼文當然是從為何自己無法上場比賽開始出發，但我越想越覺得目前的作法不只是對自己也是對其他選手非常失禮的行為。因為我認為這對選手沒有幫助，所以才會用這樣的方式喚醒大家的問題意識。

雖然我的發言和指導必須在自己有成果的前提下才能有說服力，但我認為達成這個目標就能進入下一個階段。

專欄

堅持得第一

那是我小學四年級的事情。短跑比賽我一直都是第一名，結果那年我第一次跑第二名。我非常不甘心，從那之後一段時間，我一直在手掌上寫著「第一」。早上起床之後，我會在手上寫好「第一」才去上學。我不記得寫到什麼時候，但從小對第一的執著至今也沒有改變。

雖然是一些小事，不過如果停車場第一格有空位我就一定會停在那裡，就算置物櫃比較高用起來不順手，我也絕對會選一號櫃。就算二號櫃用起來比較方便，只要空著我就會選一號。如果一號櫃已經有人用，我就會選十一號；十一號也不行時，就選一百一十一號；這樣還沒有那就選十號。總之，我會希望數字裡有一。如果沒有空位，我也不會因此感到壓力，但有空位的話我一定會用。反之，以我的立場來說，我會覺得為什麼不拿第一？雖然我讀書沒辦法得第一，但平時從一些小地方就堅持第一很重要。

一直寫「第一」結果隔天不寫了、一直用一號櫃結果隔天用了別的號碼，你可能就無法得第一了。心情上會覺得自己可能因為沒做這件小事而輸。如果這場練習偷懶，可能會帶來某種巨大的影響。至今我仍會在意這種感覺。

另一方面，有時「堅持第一」反而會讓人覺得輕鬆。馬拉松也一樣，結果雖然最為重要，但也不代表一切。因此，我雖然堅持拿第一，但無論有沒有成功我都不會太執著。

雖然我堅持得第一，但不會想贏過某個人或者讓某個人輸。即便我在團隊內是第一，在國際上或以長遠的眼光來看也不會是第一，所以這也不算什麼。因為得第一而停下腳步的話，一切就沒有意義了。所以，我希望自己永遠有可以挑戰的對手，也希望自己是個挑戰者。

給孩子的建議。

子供たちに伝えたいこと。

我希望將來能成為一名指導者。正因為我去過美國，所以更應該傳承給下一代選手，不過我也是第一次從事教學，所以如果未來有學生，希望我能和他們一起成長。現在這個階段什麼都還沒開始，我無法給孩子們奇怪的建議，不過我想在這裡傳達自己在競技人生中學到的事情。

雖然已經有很多人說過，但我希望孩子們不要變成人生只有體育競技的人。我發現擁有各種經歷比選項只有田徑的人生更豐富。這些經歷可以是其他的運動，也可以是讀書。如果因為田徑而就讀高中、大學，就算你不願意也會沉浸在田徑的世界裡。從國中開始就應該擁有廣泛的興趣，而不是只埋頭在田徑運動中。因為我沒有體驗過那樣的生活，所以才覺得後悔。我們的路不是只有高中、大學、企業隊，到美國就讀大學並繼續從事體育競技並不是遙不可及的夢。我希望孩子們能夠從事各種挑戰，拓展自己的潛能。

尤其是運動，最好去體驗不同的競技。我國小的時候玩過棒球、游泳和劍道。跑步是只要前進就好的簡單運動。體驗不同的競技之後，就能學會橫向、縱向等各種身體動作，足球和棒球可以幫助你學習團隊運動。如果能在經過這些體驗之後選擇跑步，甚至成為國際級的選手，那就太令人開心了。年輕的時候不需要太認真思考，只要把跑步當作開心的事就好。尤其是國小的時候，不需要每天跑步，就算真的要跑也只需要動動身體就夠了。上大學或進入企業隊後，就算不願意也會有壓力，早晚都會覺得煩惱、辛苦。趁兒童時期好好放輕鬆，了解快樂跑步的感覺，日後長大成人才不會忘記跑步的喜悅，所以我希望孩子能學會各種技術，以便將來能派上用場。

針對飲食，不挑食、保持均衡非常重要。我自己小時候很喜歡吃零食，曾經想要每天喝可樂，不過只吃這些東西對身體不好。尤其中小學時期正值成長期，這段時間吃了什麼會影響成長，到了高中、大學就會出現差距。為了打造能夠大量練習的強健身體、提升跑速，飲食非常重要。最近「體重輕對跑步有利」蔚為風潮，不過在成長期勉強控制體重會影響成長過程。不被體重左右，好好吃飯很重要。

我小時候非常早睡，大概九點就上床睡覺了。能睡的時候就盡量睡，這樣比較好。長大之後訓練的重要度會隨之提升，所以中、小學時期，比起練習更要重視營養和睡眠。

培養思考能力也很重要。這並不代表不信任大人，但是針對別人的意見一定要確實思考。即便是領隊或教練說的話，也要釐清自己的看法。他人的意見終究是他人的，有時別人會說出當下對自己比較有利的話。所以在聽取意見的同時，也要確實審視對自己而言是否正確、是否有益處，保留讓自己思考的時間。

孩童時期的成長速度每個人都不一樣。成長期間很可能很努力，成績卻還是沒有起色。不過，這種時候只要毫不妥協地確實練習就沒問題了。

當下或許會因此覺得煩惱，但在煩惱和痛苦之中慢慢思考也是一種方法。我曾經被問過：「要怎麼做才會變強？」每種競技都必須不斷練習、掙扎求存，才能變強。就像練習時如果肌肉不覺得痠痛就無法跑得更快一樣，心情上若沒有經歷一番痛苦掙扎、了解自己，就無法邁向下一步。你不可能怎麼想都想不出答案。雖然答案不見得正確，但總會有個結論浮現。煩惱之後得出的答案非常有價值。我至今看過很多選手，自尊心不強、沒有自我的人通常沒有他人認同就會崩壞。自己好不容易找到答案，但別人說出意見之後又會煩惱是不是自己錯了。我當然也希望得到別人認同。對自己抱持懷疑很重要，但一番掙扎努力之後找到的答案才能讓人坦然接受，我希望大家能珍惜。

年輕時難免會搞不清楚自己到底為何煩惱。不過，我認為年輕的時候自尋煩惱也無妨。只要在相信自己的情況下去煩惱即可，畢竟這些經驗絕對不會白費。

大人たちに伝えたいこと。

給大人的建議。

我父母從小就鼓勵我去做自己喜歡的事。上國中的時候，因為學校沒有田徑隊，父親幫我找了田徑俱樂部，每週一次單趟花一小時的時間接送我從町田市到江戶川區練習。媽媽幫我準備餐點確保營養均衡，每餐都端出鹿尾菜讓我補充鐵質。如果要我針對飲食給什麼建議，我只能說鹿尾菜是植物性的鐵質，考量吸收效率的話，不妨吃些豬肝來攝取動物性鐵質。每餐都要考量營養均衡應該很辛苦，但我希望家長能夠多下工夫。

雖然我父母這麼支持我，但他們對競技本身從來沒有任何意見。針對比賽結果也一樣，成績好的時候他們可能也很高興，但是從未對比賽發表過意見，自我開始從事體育競技以來，從未因為父母而感受到壓力。一方面是我自己不喜歡分享，無論在賽事中感到開心或不甘心都不會告訴父母，父母也從未告訴我他們的心情。

不只田徑，只要孩子參與體育競技，父母往往會一直告訴孩子「加油、加油」。如此一來，孩子也會覺得很沉重，漸漸變得無法享受運動。我認為自己是因為父母沒有給予過度壓力，才能一直開心跑步，除此之外也因為了解跑步的喜悅，才能努力到現在。

因此，我想對家長們說：請放手讓小孩自由發揮。最近，我趁回國的時間舉辦兒童專屬的跑步教室，有很多家長反應熱烈。當然，這是一件很重要的事，因為孩子想學所以全力支持，我覺得這種立場很好。不過，孩子的成長速度每個人都不同，就算很認真練習也可能沒有成果。這種時候最煩惱、最焦慮的一定是孩子自己。父母如果插嘴，通常會加深孩子的壓力。如果是孩子自己來找父母商量，那麼給予意見也無所謂，但在那之前我希望家長能夠抱著寬容的心，相信並守護孩子。

我了解父母想為孩子做點什麼的心情，但是這種時候請不要喧賓奪主。讓孩子知道「可以這麼做、有這條路可以走」，為孩子拓展選項，最後交由孩子作決定更重要。我認為家長的角色不是激起孩子的鬥志，而是配合孩子的鬥志。

回顧自己的過往，對我來說並不需要父母的熱切關心和期待，現在想起來沒有感受到這些真的很慶幸。

當然，我自己教導孩子的時候也抱著相同的心情。我的大女兒現在六歲，正值對什麼都感興趣的年齡。只要女兒想嘗試，我都盡量讓她去挑戰。當然，如果她說想跑田徑，我會覺得開心，但同時我也會告訴她，不只能跑田徑，踢足球也很好玩、跳芭蕾也很有趣，有很多事情可以嘗試，讓她擁有更多選項。孩子往往會太專注在眼前的事情上，所以我個人認為幫助孩子注意其他選項，最後讓孩子自己作決定很重要。拓展孩子的潛能本來就不是孩子的工作，而是家長和我們這些選手、指導者應該扮演的角色。我希望能創造「從事田徑運動的同時，也能挑戰更多事物」的環境。

另外，小時候指導者的裁量權很大。孩子沒辦法以長期的眼光看待事物，總會因為想贏眼前的大賽而勉強自己。在這樣的狀況下，指導者必須理解，該怎麼前進才能達成長期目標。國中時，我曾經在都級大賽前參加地方賽事。那雖然是按平常的方式跑就能通過的大賽，但我為了跑出好成績而刻意調整練習。然而，顧問老師判斷我如果為了這場比賽太過努力，之後可能就無法再跑下去，所以在三千公尺的比賽前，要我做三十分鐘的慢跑練習。因為老師沒有被那場大賽侷限，而是以更長遠的眼光為我著想。身體出問題時，只要稍微好一點我就想繼續跑，但老師堅持要我等到完全不痛。對於想要追求成果並感到焦慮的孩子，大人必須以長遠的眼光給予指導。取得這種平衡非常重要，教練和指導者就是為此而存在。

專欄

與「四二・一九五公里」相處的方法

雖然是理所當然的事，不過我要重中馬拉松是一種要跑四十二點一九五公里的競技，我對這種距離總是感到恐懼和不安。

一方面是單純覺得距離很長，另一方面是回顧我至今的每一場比賽，幾乎都是把體內的能量釋放到極限才能跑到終點。我認為自己當然擁有能夠跑完馬拉松的強韌力量，但下一次比賽是否也能像這樣把自己的力量釋放到極限呢？想到這一點，我就覺得很不安。我想每個人都會有相同的不安，雖然透過練習

累積自信，但即便如此不安也不會消失。

每次比賽，最後五公里只要稍有不慎就會因為腳抽筋而倒下，或者在搖搖晃晃的狀態下抵達終點，我就是以這樣的方式參加比賽。此時如何讓自己保持清醒非常重要，但我仍擔心自己下次還能不能像這樣跑步，這也成為我自己的課題，現在我每天都會和自己信任的一位工作人員聊到這件事。

我告訴他，我很擔心下次馬拉松錦標賽不知道能不能勝出，結果我們從這件事聊到「所謂的尊重究竟是什麼」。當時我印象最深刻的，就是他告訴我：「你對長距離跑步懷抱敬意，所以才會覺得害怕，只要你有這種想法就沒問題了。應該是說，不怕反而更恐怖。對距離沒有畏懼之心，就會覺得這點距離一定能跑完，最後通常會很慘。」我對這一點很有同感。

一旦開始跑，就只能在比賽中反芻至今在練習中累積的東西，也沒有餘力去感受不安。即便知道這一點，我每次參賽仍然對距離懷抱畏懼之意。

結語

跑過、煩惱過後才發現到的事。

我有時候會因為跑步而煩惱。應該是說，我煩惱的源頭都來自跑步吧。因為跑步產生的煩惱該如何解決呢？果然還是只能繼續跑啊！我持續跑步也很珍惜這段一個人的時光，雖然不知道是不是正確答案，但我覺得自己在跑步時找到一些答案。

最終你會聽到自己的心聲，而不是別人的意見。雖然以這樣的方式找到的答案，每次都會停留在同一個地方，但每個課題都必須經過這些過程才能找到答案。答案不會輕易出現，不過邊跑邊和自己對話，就會慢慢浮現自己能夠接受的答案。

二〇一九年跑東京馬拉松時，我的心情沒有任何波動，當時其實並沒有太深刻思考棄權這件事，幾乎處於無意識狀態。當然，我曾打算在比賽中奪冠，就算無法成為冠軍，至少也要拿下一面獎牌。當我脫離領先集團、身體變冷的時候，便把抵達終點能獲得的東西放在天秤上衡量，發現立刻棄權的解脫感更勝一籌。

當時我只覺得好冷、好累，跑步變得非常痛苦。我連思考下一步的餘力都沒有，已經無法再忍耐下去，而且抵達終點之後也沒有意義，所以我決定棄權。

話雖如此，大賽結束後的休假期間，我的心情仍然無法釋懷。之後重啟練習，在六十分鐘、九十分鐘漸漸增加跑步時間的過程中，我和自己對話的時間也隨之增加，不斷自問那是怎麼回事、這又是怎麼回事，許多問題漸漸得到解決。雖然不是百分之百，不過我的煩惱已經有一定程度的解答，內心裡的東京馬拉松這塊大石才終於卸下。

我家裡的跑步機前有一面鏡子。看著這面鏡子跑步時，我會看著鏡中的自己，發出聲音告訴自己「你很強、很堅韌，你會成為冠軍」。自從我開始這麼做之後，就變得很能自我肯定，也變得更有自信。

我雖然有這種重大的煩惱，但其實也有更單純的煩惱。譬如該怎麼剪這一頭變長的頭髮。雖然很想剃光頭，但現在剃光的話大家會不會有奇怪的解讀？我想打耳洞，但不知道大家會說什麼，我連這種事都會邊跑邊想，然後得出答案。我偶爾會邊聽音樂邊跑，但往往會因為心情太好而變得太過積極。有時候跑完之後冷靜想想，會覺得「這樣好像還是不太對」，然後得到一個兼顧平衡的答案。這次要不要剃光頭、打耳洞這類事情也是如此。跑步的時候覺得一定要剃光頭！一定要打耳洞！但是跑完之後我又覺得「等等，這樣不對吧？」負面思考再度浮現。這種狀態已經持續了二到三年，我想這次是很好的機會，所以就下定決心執行了。

回過神來才發現，從一些小事到大問題我都以同樣的流程處理。我相信像這樣邊跑邊找答案，對現在的我來說是正確的選擇。

2019 June / Portland

NW Broadway

SANTA CRUZ
SANTA CRUZ
CREATURE
MOB GRIP

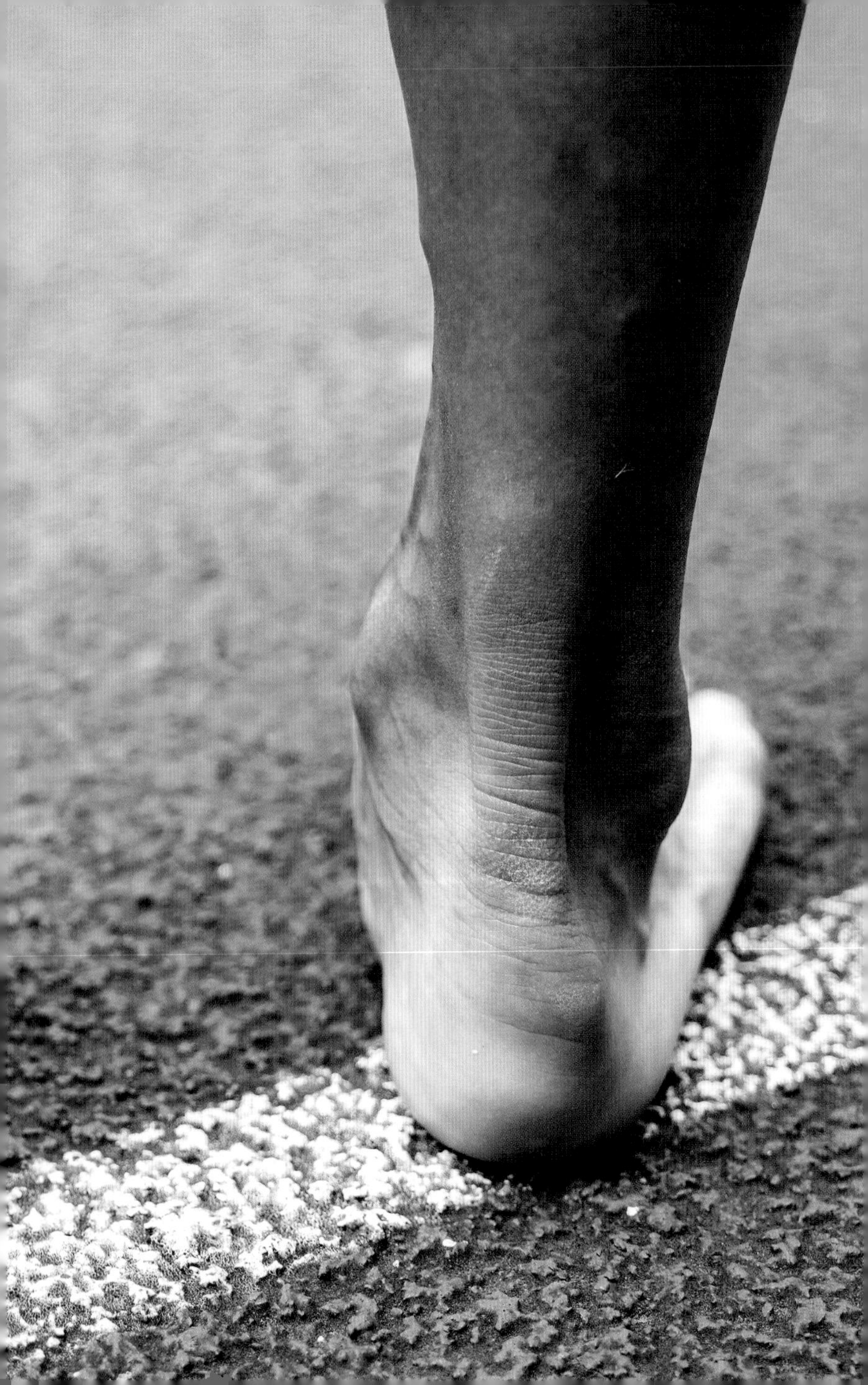

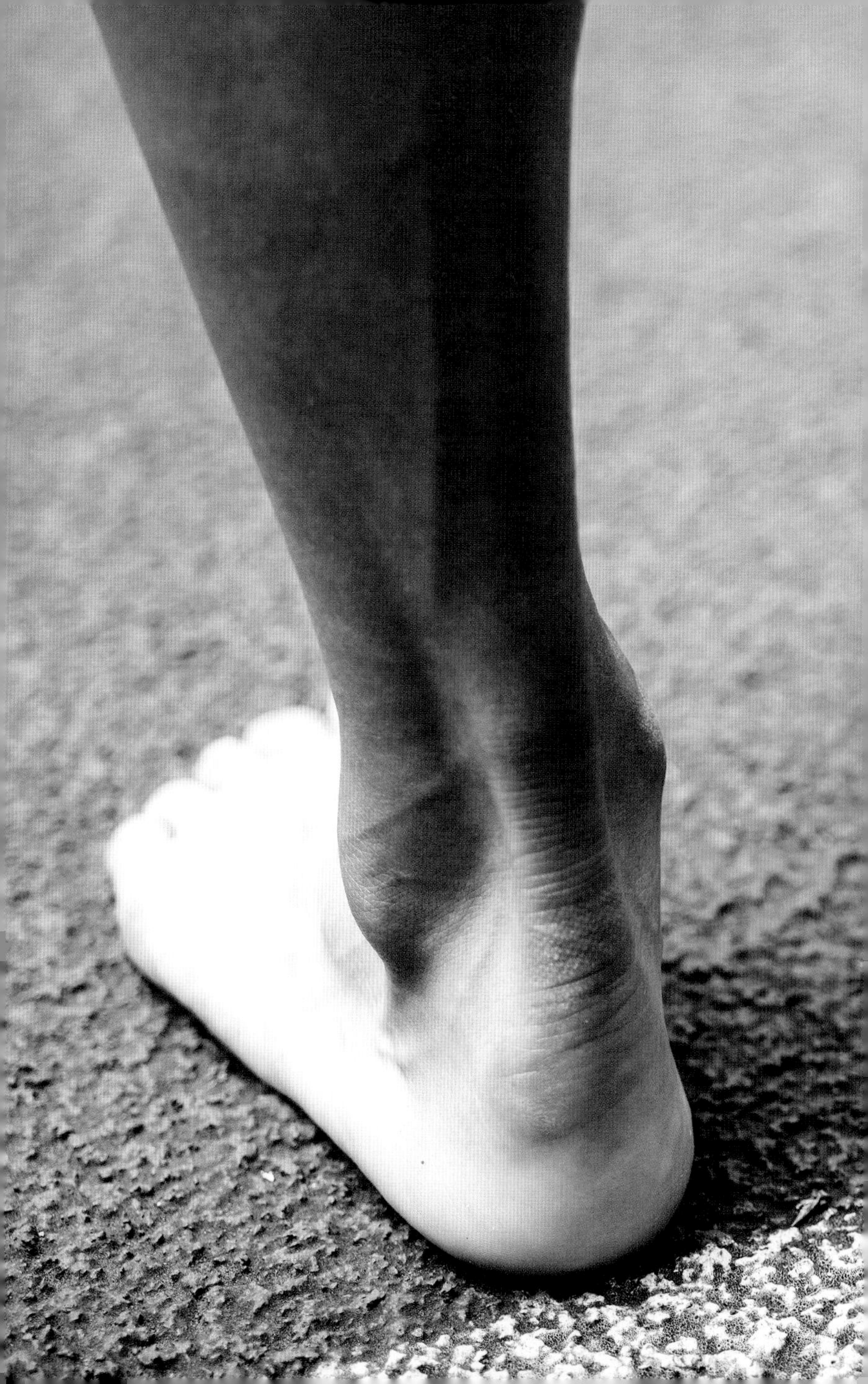

向大迫傑請益

Q & A

回答大家的疑難雜症！

Q：被問到跑步哪裡開心，我不知道該怎麼回答。大迫先生覺得跑步開心嗎？

下次如果有人問，請試著回答：「去跑跑看就知道了。」如果對方告訴你「很累，我不喜歡」，你就可以說「那你大概永遠都不會懂」。我認為沒有必要凡事都化成語言。我覺得很開心是因為跑步的時候總是一個人，無論好壞都能自我陶醉，靠想像創造自己的世界。除此之外，跑步也有自己一個人做某件事的樂趣。譬如說團體競技就像大家一起拼拼圖一樣，田徑當然也不是一個人就能完成，但比起其他的運動，選手更能在選擇下一片的時候感受到拼圖漸漸成形的充實感，或是發現找不到的拼圖而終於解決了問題時，也會覺得「原來在這裡」，因而感到喜悅。跑步就是有這種親自動手做的樂趣啊！

Q：您平常有做什麼來保持跑步的動力嗎？

動力不需要保持，應該是每天都會自然湧現吧？動力最好有各種來源，而不是只有一種。譬如：想廣受矚目、練習後想吃美味的餐點等各種不同的跑步動力。單純想提升自己的成績也可以，但光是這樣應該沒辦法持久。如果我只是想跑得快，大概幾年前就已經放棄跑步了。畢竟快樂、悲傷等人類的情感，沒辦法維持這麼久啊！我覺得動力也一樣，應該是每天在各種事物中發現的東西才對。

Q：有沒有非常不想練習的時候呢？

我不會思考自己想不想做，而是思考需不需要去做。

Q：低潮期都在想什麼呢？

你一定很想知道該怎麼克服低潮期對吧……。嗯，先思考自己對低潮期的看法是否正確吧！譬如自己正處於「過渡期」，用稍微正面一點的詞彙代換看看。達到巔峰時也一樣，有時候必須低潮一陣子才能崛起。在自己大幅度成長的過程中，把現在當作是沉澱期就沒問題了。其實不需要做什麼特別的事，只要冷靜思考現在需要的練習，然後淡然地完成訓練即可。

Q：請告訴我，日本和美國的指導方式有什麼不同？

指導方式雖然不同，但我在這裡不回答這個問題。現在有很多聲音質疑日本的指導者，而我不認為日本的指導或訓練方法有錯。應該是說，容易妥協或太天真的選手就需要像駒澤大學的大八木弘明教練這樣強而有力的指導者。因為置身於自由的環境時，很多選手會選擇妥協，並不是每個人都能完美控制自己。

Q：即便待在弱小的隊伍，我也能變強嗎？

總是確實練習的人到哪裡都會變強，

本來就弱的人，走到哪裡都弱。就算暫時變強，那也只是因為指導者厲害，等離開這個環境之後成績就會下滑。之前我也說過，最重要的是自己。不要把目光放在外在的因素，應該多注意自己。自己的幹勁才是主因，這一點不會因為指導者而改變。平常如何對自己拋出問題、如何解決最重要。注意別人的作法固然重要，但更應該思考自己現在能做什麼。

Q：請告訴我，慢跑的目的和重點練習需要注意的地方。

這根據程度會有不同需求，我不知道提問的人屬於哪種程度，所以很難回答呢！如果是慢跑的話，對初學者來說，這是習慣跑步的一種練習。還有，慢跑是長距離跑步的基礎，如果縮短跑步距離的話就變成間歇訓練，中等距離的話就是按節奏跑。因此，無論快或慢，最好都要以相同的意識去跑。無論是手臂擺動或跑姿，什麼都可以，就算速度變慢，手臂擺動的姿勢也不能改變，無論什麼速度都能維持相同姿勢跑步，這點很重要。不過，這一點根據不同程度會有很大差異，所以其實我沒辦法給予什麼具體的建議。

Q：呼吸法有什麼要注意的地方嗎？

我覺得自然吸氣、吐氣就好。我沒有特別注意什麼。

Q：對想要三小時完跑的市民跑者，有沒有什麼獨創的訓練法？

如果有人說自己有方法能讓你三小時完跑，那一定是騙人的。如果想要三小時完跑，可以參考間歇跑、距離跑、基本跑等基礎知識。也就是說，這沒有任何捷徑，只能踏踏實實地練習跑步。

Q：我因為跑步聲音很大而苦惱。如果用大迫先生的姿勢跑步，是不是聲音就會變小呢？

頂尖選手中也有人跑步聲很大。跑步聲變小也不一定會跑得比較快，這並不是缺點，我覺得不必勉強改變，維持原樣不是很好嗎？不過跑步聲大，可能是需要強力敲擊地面的競速跑者。如果是想在轉彎時更加輕巧，可以在放鬆的狀態快速跑下坡，如此一來就能掌握腿自然往前的感覺，跑步聲或許就能隨之變小。不過，沒有實際看到姿勢還是很難說明。

Q：我為了提升跑速而開始鍛鍊肌肉，請問有推薦的訓練嗎？

每個人的姿勢和肌肉組成都不一樣，所以最好聘請個人訓練員。讓擁有正確知識的人為你量身打造訓練行程和內容比較好。

Q：我想知道腳尖著地跑法需要的肌肉部位和訓練方法。

話說回來，你為什麼想要選擇腳尖著

地跑法呢？腳尖著地跑法只是個結果，並不是你的目的吧？每個人的身體都不一樣，不見得會因為改成腳尖著地跑法就跑得比較快。我認為用適合自己的姿勢練習最重要。

Q：您走路的時候也是腳尖著地嗎？

請試著踮腳尖走走看。能走嗎？這樣走路，就只是個怪人而已吧。

Q：聽說跑步機沒辦法訓練腿力，請問您怎麼區分使用場合？

下雪或者無法在外面跑步的時候就用跑步機。雖然有些差異，不過這個微小差異只會對頂尖中的頂尖跑者造成影響，市民跑者只要能毫無壓力、舒服地跑完，在哪裡跑都一樣。無論在哪裡，持續跑最重要，只要有地方能跑就去跑。我覺得不需要考慮這麼多喔！

Q：練習全馬的時候，間歇訓練有幫

助嗎？

有幫助。儘管如此，也不要因為是跑全馬就只練習長跑，或者只練習短跑，請每一種跑步方式都練習看看。

Q：我的三個兒子都在跑田徑，創下自己的最佳成績之後就停滯不前。該做什麼練習才好呢？

我認為他們正處於成長期。雖然了解家長焦急的心情，不過從事競技的還是您的孩子，我希望您能抱著跑快跑慢都沒關係的態度守護孩子。孩子會因為必須跑步或無法控制身體感到焦慮，而父母的期許有時也會成為孩子的壓力。處於成長期的孩子，可能會毫無理由就大幅成長或停滯不前，只要他們持續努力練習就沒關係。如果這個問題是由您的兒子來問，或許我能給一點建議，不過只要孩子還有幹勁，也沒有貧血症狀，那就請家長耐心等待吧！

Q：您有限制飲食嗎？

練習馬拉松的話，有時不需要限制飲食，反而要努力吃。還有，我平時不只考量一餐，而是考慮一整天的營養均衡。

Q：您曾經罹患髂脛束症候群嗎？請告訴我克服和預防的方法。

這只能忍耐。總之還是先跑步吧！順帶一提，我忍著加快速度跑之後就好了。另外，請參考我下一題的回答。

Q：聽說疼痛的時候最好休息，但是我很少有不痛的時候，如果休息的話就無法練習了。大迫先生都如何處理疼痛呢？

最重要的就是掌握自己雙腿的狀況。不要因為疼痛就馬上休息，先試試看能跑到什麼程度。譬如說原本跑十分鐘疼痛指數約為四，待降到二的時候就可以繼續跑了。如果身體溫暖起來之後，疼痛還是持續惡化那就最好休息。長距離的話，練習邊跑邊治療也很重要，「疼痛等於休息就會好」不見得是正確答案。如果因為疼痛而休息一週，導致肌力減弱、跑起來不對勁，反而可能造成其他地方疼痛。不過，以保護疼痛處的方式跑步，也會讓跑姿崩壞。跑者通常都很少有不痛的時候，所以自我調整和釐清狀況很重要。

Q：您的休息日都安排幾天呢？

馬拉松結束之後會馬上休息一下，但基本上我不休息。雖然距離和負荷有大有小，但我每天都會跑步。雖然這是題外話，不過我經常被問到「平常都休息多久」，我也在想對方問這個問題是什麼意思。我覺得很多人問這個問題是想說服自己「休息這麼久沒問題」，或是想要我認同「休息也沒關係」的想法，不過這種問題沒什麼建設性。如果想跑得快，一開始就不應該去想休息的事情。

Q：請告訴我推薦的修復方法。

泡澡非常好。二〇一八年七月在長野集訓的時候，有很多泡溫泉的機會，我覺得不僅能放鬆，也能快速恢復體力。再來就是拉筋。我會特別注重髖關節周邊的拉筋，不過每個人過度使用的部位不一樣，只要做適合自己的拉筋即可。

Q：比賽前一天都在做什麼呢？

和平常一樣。稍微慢跑一下之類的。

Q：比賽當天，您會在賽前幾小時用餐？

起跑前四到五小時，我會吃蜂蜜蛋糕、貝果、香蕉等輕食。前一天我通常會多吃一點碳水化合物，但並不會太在意。

Q：請教我賽前的暖身方法和思維模式。

暖身只要讓身體暖和起來就好。反正結果並不會因為努力暖身而有所改變，而且要跑四二．一九五公里，太拼命暖身只會在正式起跑時精疲力盡。我從來沒有在意過思維模式，所以我不知道有什麼要注意的地方。與其在比賽前注意這些，不如專注在為了這一天而準備的練習。馬拉松只要在起跑之後保持高昂的情緒即可。

Q：長距離跑步如何專注？

應該和其他競技的專注方式一樣吧。不過，如果你以為是專注在比賽上的話，那就錯了喔！請好好專注在練習上。

Q：為什麼要在比賽時戴帽子呢？

沒有什麼特別的原因。大概就是因為陽光太強或者下雨之類的。戴墨鏡對我來說反而很擋路，所以我不會戴。

Q：比賽的時候總是沒辦法像練習那樣跑。大迫先生有特別注意什麼嗎？

我第一個想到的是你可能練習得不夠。如果沒有透過練習累積自信，比賽的時候就沒辦法產生自信，這種自信會大幅影響表現。如果你認真練習，這分自信就會成為你在比賽時的助力。假設你可以用比賽的速度跑完一程，但這沒有太大意義。我不知道你的程度到哪裡，所以只能說個大概，你只能努力練習直到產生自信為止。

Q：到了比賽尾聲，當自己覺得「我已經不行了」的時候，您都怎麼堅持跑完的呢？

這很簡單，只要不覺得「我已經不行了」就好。我只能給這麼理所當然的意見。覺得自己不行了，就等於自我放棄。如果說我比賽時從來沒這麼想過，那就是在說謊，不過我總是要求自己正面看待這種心情。「不行」這個單字不是很負面嗎？我會用正面的詞彙替換。譬如：我會用該如何跑完剩下的公里數、之前練習的時候也大概這麼痛苦，盡量讓自己去想現在能做的事。

Q：跑步的時候該想什麼才好呢？我常常因為太在意完跑時間而無法維持體力。

這一點我覺得因人而異，不過如果是因為太在意完跑時間而導致體力不支，那只要轉移注意力即可。譬如專注在跑步的節奏或者放鬆方式上，找出什麼最適合自己，然後反覆練習就好。

Q：大迫先生作選擇的時候會以什麼為優先呢？

嗯，選擇有很多種，我不知道你想追求什麼。如果是選擇要不要做某件事的話，與其思考不做的原因，不如思考該做這件事的理由，這樣應該會比較順利。

Q：比起偶爾獲勝，我更想在無論什麼方法都能確實達到勝利的狀態下挑戰比賽。我正在思考該怎麼選擇，但沒有答案。

我也並非每個選擇都做到最好。更不曾在知道自己一定會贏的狀態下比賽。跑步沒有捷徑，只能踏踏實實地重複毫不妥協的每一天。我認為只要不妥協，努力就一定會累積到下一次比賽。

HASHITTE, NAYANDE, MITSUKETA KOTO by OSAKO Suguru

Original Japanese edition published by Bungeishunju Ltd., in 2019.
Chinese (in complex character only) translation rights in Taiwan reserved by China Times Publishing Company, under the license granted by AMUSE INC., Japan arranged with Bungeishunju Ltd., Japan through AMANN CO. LTD., Taiwan.

ISBN：978-957-13-8106-0
Printed in Taiwan

走って、悩んで、見つけたこと。

跑過、煩惱過，才能發現的事。

大迫傑

作者：大迫傑（Osako Suguru）／**譯者**：涂紋凰／**攝影**：松本昇大／**日版編排**：林田順子／**主編**：湯宗勳／**編輯**：葉冰婷／**美術設計**：陳恩安／**責任企劃**：王聖惠／**董事長**：趙政岷／**出版者**：時報文化出版企業股份有限公司／108019台北市和平西路三段240號1-7樓／**發行專線**：02-2306-6842／**讀者服務專線**：0800-231-705；02-2304-7103／**讀者服務傳真**：02-2304-6858／**郵撥**：1934-4724 時報文化出版公司／**信箱**：10899台北華江橋郵局第99信箱／**時報悅讀網**：www.readingtimes.com.tw／**電子郵箱**：new@readingtimes.com.tw／**法律顧問**：理律法律事務所／陳長文律師、李念祖律師／**印刷**：和楹印刷有限公司／**一版一刷**：2020年3月6日／**一版十一刷**：2023年11月20日／**定價**：新台幣320元

時報文化出版公司成立於一九七五年，並於一九九九年股票上櫃公開發行，於二〇〇八年脫離中時集團非屬旺中，以「尊重智慧與創意的文化事業」為信念。

———跑過、煩惱過，才能發現的事。／大迫傑（Osako Suguru）著；涂紋凰 譯—一版.--／臺北市：時報文化，2020.3；208面；13×19公分. --（身體文化：149）／譯自：走って、悩んで、見つけたこと。／ISBN 978-957-13-8106-0（平裝）／1.大迫傑 2.傳記 3.馬拉松賽跑 4.自我實現／783.18／109001620